Kommunikative Deeskalation

Praxisleitfaden zum Umgang mit aggressiven Personen im privaten und beruflichen Bereich

mit Extrakapiteln für die Berufsbereiche Schule, Soziales und Pflege

RaBe-Training Deutschland
Realistische **A**nwendungen **be**i **E**skalationen
Marian **R**ohde & Tim **B**ärsch

Kommunikative Deeskalation
- Praxisleitfaden zum Umgang mit aggressiven Personen im privaten und beruflichen Bereich

Text: Tim Bärsch / Marian Rohde
Cover, Grafiken und Satz: Tim Bärsch

Bibliografische Information der Deutschen Nationalbibliothek
Die Deutsche Nationalbibliothek verzeichnet diese Publikation in der Deutschen Nationalbibliografie; detaillierte bibliografische Daten sind im Internet unter http://dnb.d-nb.de abrufbar.

Herstellung und Verlag: Books on Demand GmbH, Norderstedt
ISBN 9783837054200

RaBe-Training Deutschland
Marian Rohde / Tim Bärsch
Internet: http://www.rabe-training.de
Epost: kontakt@rabe-training.de

Inhaltsverzeichnis

Ziele dieses Buches

„Tu was du kannst, mit dem was du hast, wo immer du bist."
(Theodor Roosevelt)

Wenn Sie eine Universallösung zum Thema Deeskalation in allen Lebenslagen suchen, so müssen wir Sie leider an dieser Stelle schon ent-täuschen:

Wir haben Sie nicht!

(Am feucht-fröhlichen Mittsommerabend 2001 hatten die Autoren die Universallösung der Deeskalation entdeckt. Leider schrieben sie diese nur auf einen kleinen Zettel und haben diesen verlegt ...)

Für die Deeskalation ist, wie in vielen Bereichen, ein ganzheitliches und lebenslanges Lernen notwendig. Durch den Kauf dieses Buches haben Sie Ihr „Wollen" (Herz) signalisiert; wir möchten das „Wissen" (Kopf) mit diesem Buch an Sie weitergeben und das „Können" (Hand) bekommen Sie durch Ihre Erfahrungen und bestenfalls im gesicherten Rahmen eines Seminares vermittelt.

Unser Ziel ist das Erweitern Ihres Wissens und Ihrer Komfortzone im Bereich Deeskalation. Dies geschieht nach dem Modell der **individuellen Zonen.**

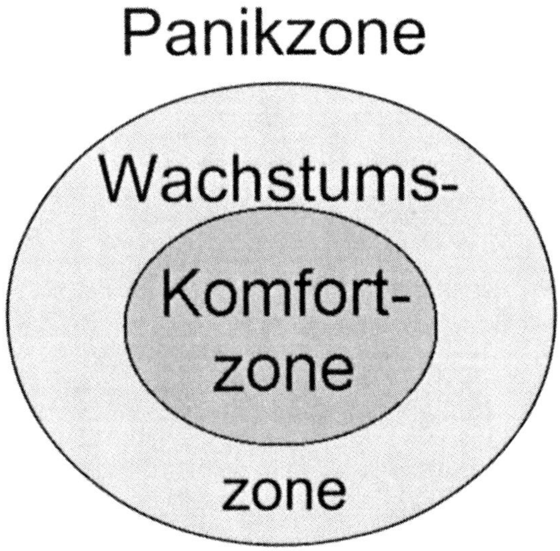

Komfortzone:
Dies ist die Zone, in der das Individuum sich wohl fühlt (lat. con fors: mit Stärke). Das Individuum hat das nötige Wissen und die Fähigkeiten zu handeln. Daher ist es selbstsicher und stark. Lernen ist das Ausweiten und Wachsen der Komfortzone.
Wachstumszone:
In dieser Zone liegt alles, womit das Individuum noch keine direkten Erfahrungen gemacht hat. Es tritt aus der Komfortzone heraus und kann mit Mut und Überwindung neue Erfahrungen machen.
Panikzone:
In dieser Zone liegen Anforderungen, die die selbst eingeschätzte Handlungskompetenz des Individuums übersteigen. Das Risiko und die Gefahr erscheinen zu groß, daher ist Lernen in dieser Zone fast nicht möglich. In dieser Zone ist man handlungsunfähig. Gewaltsituationen sind oft im Panikzonenbereich. Ein Lernen ist so gut wie unmöglich. Ziel dieses Buches ist deshalb die Erweiterung der Komfort- und Wachstumszone und die Verkleinerung der Panikzone.
Und denken Sie daran, Lernende behalten:
20% von dem, was sie gehört haben
30% von dem, was sie gesehen haben
50% von dem, was sie gehört und gesehen haben
70% von dem, was sie selbst gesagt haben
90% von dem, was sie selbst ausgeführt bzw. selbst mitdenkend erarbeitet haben

Liebe Leserinnen, bitte fühlen Sie sich auch angesprochen, wenn wir im Folgenden nur die männliche Form verwenden. Der einzige Grund dafür ist die bessere Lesbarkeit und sprachliche Einheitlichkeit.
Wörter, auf deren Stamm und deren Bedeutung wir besonders hinweisen möchten, haben wir durch einen Bindestrich getrennt und verbunden.

Vielen Dank für Anregungen, Kritiken und Korrekturen an: Familie (Mama, Sibylle, Simone), Frank Müller, André Karkalis, Silke Wolf, Jördis Wetzel, Tobias Warncke, Ralf-Erik Posselt und Emanuel Kellert

Viel Spaß beim Lesen und wir hoffen, dass Sie neue Informationen erhalten und sich vielleicht sogar weiter entwickeln. Bei Fragen und Anregungen stehen wir Ihnen gerne zur Verfügung. Unsere Kontaktdaten finden Sie hinten im Buch.
Tim Bärsch & Marian Rohde

1 Kommunikation

„Bewahre mich vor dem naiven Glauben, es müsse im Leben alles gelingen. Schenke mir die nüchterne Erkenntnis, dass Schwierigkeiten, Niederlagen, Misserfolge, Rückschläge eine selbstverständliche Zugabe zum Leben sind, durch die wir wachsen und reifen.“
(Antoine de Saint Exupéry)

Nach dem österreichischen Kommunikationswissenschaftler **Paul Watzlawick** (1921-2007) teilt sich jeder Mensch immer mit („Man kann nicht nicht kommunizieren.“). Kommunikation ist ein wichtiges Thema, weil Gewalt eine (Ab-)Art des sich Mitteilens ist. Der Sender (Schläger) sendet nicht-sprachlich eine Nachricht (Schlag) zum Empfänger (Geschlagenen).

1.1 Allgemeines

„Aus Fehlern wird man klug, also ist einer nicht genug!"
(Fernsehsendung Klimbim)

Damit Sie überhaupt wissen, wovon wir schreiben, definieren und erklären wir allgemeine Ansätze zum Thema Deeskalation. Vielleicht ist nicht jeder Ansatz für Sie interessant. Jedes Kapitel kann aber auch für sich alleine stehen, d.h. Sie können Kapitel überspringen und den Rest des Buches trotzdem verstehen.

1.1.1 Definitionen

„Das Leben ist schön und wenn es grad mal nicht schön ist, dann mach ich's mir schön. Und wenn es dann immer noch nicht schön ist, dann red ich's mir schön." (Farin Urlaub – Band „Die Ärzte")

Kommunikation (lat. Communicare: teilen, mitteilen, teilnehmen lassen: gemeinsam machen, vereinigen) bezeichnet auf der menschlichen Alltagsebene den wechselseitigen Austausch von Gedanken in Sprache, Gestik, Mimik, Schrift oder Bild. Hier eine Aufzählung nicht-sprachlicher (nonverbalen) Kommunikationen:

- Kommunikation durch Blickverhalten (Blickkontakt);
- Kommunikation durch Gesichtsausdruck (Mimik);
- Kommunikation durch Körperhaltung und Körperbewegung (Pantomimik);
- Kommunikation durch Berührung (Taktilität);
- Kommunikation durch räumliche Distanz zum anderen Kommunikationspartner (Regulierung des sozialen Raums);
- Kommunikation durch tönende (vokale) nicht sprachliche Zeichen: Stimmqualität, Stimmhöhe, Stimmführung, Lautstärke, Klangfarbe, Artikulation, Sprechgeschwindigkeit (Paralinguistik);
- Kommunikation durch Beiwerk: Kleidung, Statussymbole, Gestaltung des Raumes usw.

<u>Kurzdefinition für dieses Buch:</u> Kommunikation ist der Austausch von Informationen auf verschiedenen Wegen.

Das Wort **Aggression** leitet sich aus dem Lateinischen „aggredi“ ab. Es bedeutet ein aktives Herangehen oder Heranschreiten und stellt somit das Gegenteil zur Passivität da. Das Lexikon beschreibt Aggression als: „Angriffsverhalten, gereizte Einstellung, offene Feindseligkeit“. Auch im alltäglichen Sprachgebrauch hat der Begriff Aggression einen negativen Klang im Sinne von Begriffen wie „Störung, Verletzung, Verdrängung oder Vernichtung“. Umgangssprachlich bezeichnet Aggression ein widerspenstiges bis wütendes Verhalten sowie Gefühle, die zu solchen Verhaltenweisen führen. Bei Aggressionen kann es sich auch um ein Symptom von Erkrankungen und Persönlichkeitsstörungen handeln.
Kurzdefinition für dieses Buch: Aggression ist ein negatives Gefühl (auch Wut, Ärger, Zorn, Hass), welches zu gewalttätigem Handeln führen kann.

Aggressivität ist die erhöhte Bereitschaft eines Individuums zur Aggression (sowohl genetisch angelegt als auch erworben). Der Hang einer Person zu ständigen Aggressionen kann krankhaft sein.
Kurzdefinition für dieses Buch: Aggressivität ist der Hang zu Aggressionen.

Es finden sich zahllose Definitionen des Wortes „**Gewalt**“ und jeder beschriebt es ein wenig anders. Jemanden „aufschlitzen“ ist Gewalt. Doch wie ist es, wenn es sich um einen Chirurgen handelt, der eine lebenswichtige Operation durchführt? Ist es wirklich Gewalt, wenn Sie Ihr Kind gewalt-sam festhalten, damit es nicht auf die Straße läuft? Ist es Gewalt, wenn ein gewalttätiger Diktator ermordet oder ein Krieg für Menschenrechte geführt wird? Dies definiert jeder Mensch für sich individuell.
Laut Weltgesundheitsorganisation (WHO) ist Gewalt „der absichtliche Gebrauch von angedrohtem oder tatsächlichem körperlichem Zwang oder physischer Macht gegen die eigene oder eine andere Person, gegen eine Gruppe oder Gemeinschaft, die entweder konkret oder mit hoher Wahrscheinlichkeit zu Verletzungen, Tod, psychischen Schäden, Fehlentwicklungen oder Deprivation (Zustand der Entbehrung) führt.“
„Gewalt zerstört“, lautet die kurze und prägnante Definition des Bielefelder Pädagogen Wilhelm Heitmeyer.
Treffend formulierte der Konfliktforscher Johan Galtung, Gewalt liege dann vor, „wenn Menschen so beeinflusst werden, dass ihre aktuelle somatische und geistige Verwirklichung geringer ist als ihre potentielle Verwirklichung“.
Die Deeskalationstrainer Judy Korn und Thomas Mücke beschreiben Gewalt als eine „gerichtete oder beabsichtigte Verhaltensweise, die darauf gerichtet ist, ande-

re zu schädigen", folglich als eine Aktion, welche die Grenzen einer Person überschreiten soll. „Gewalt tut weh", sagen die Deeskalationstrainer der Gewalt Akademie Villigst.
Kurzdefinition für dieses Buch: Gewalt ist ein Verhalten, welches andere schädigt.

1.1.2 Aggressionstheorien

Jeden Tag wird das Häschen mit der roten Mütze vom Bär und dem Fuchs verprügelt. Eines Tages denkt sich der Fuchs, „das ist doch langweilig, wir brauchen einen Grund." Am nächsten Tag wird es verprügelt, weil es eine rote Mütze auf hat. Dann denkt sich der Fuchs, „der Grund ist doof, wir fragen morgen nach einer Zigarette. Wenn es uns eine mit Filter gibt, hauen wir es, weil es uns den Geschmack versauen will. Gibt es uns eine ohne, schlagen wir es, weil es uns vergiften will." Am nächsten Tag kommt das Häschen wieder an dem Bär und dem Fuchs vorbei. Sie halten es auf und fragen nach einer Zigarette. Darauf antwortet das Häschen: „Wollt Ihr welche mit oder welche ohne Filter?" Fuchs und Bär schauen sich dumm an, dann schubst der Bär den Fuchs mit dem Ellenbogen und sagt: „Du, es hat immer noch eine rote Mütze auf!"

Die Gründe für Gewalt sind für Opfer und Zuschauer nicht immer nachvollziehbar. Um Aggression und daraus resultierende Gewalt verstehen zu können, ist eine Betrachtung der möglichen Ursachen sinnvoll. Es existieren zahlreiche Erklärungsmodelle aus den unterschiedlichsten Blickwinkeln. Die drei am häufigsten genannten werden hier genauer erläutert, mit Blickwinkel auf die Relevanz bezüglich der Vorbeugung (Prävention).

Triebtheorie

Auch wenn die Psychoanalyse und die Verhaltensforschung auf den ersten Blick wenig gemeinsam zu haben scheinen, verbindet sie doch ihr Erklärungsansatz bezüglich Aggression und Gewalt. Sowohl der Psychoanalytiker Sigmund Freud (1856-1939) als auch der Verhaltensforscher Konrad Lorenz (1903-1989) gingen davon aus, dass Aggression ein normaler, angeborener Trieb eines jeden Wesens (und somit auch des Menschen) ist.

Der Trieb der Aggression kann sich aufstauen und zu einer spontanen unkontrollierten Entladung führen. Somit handeln alle Menschen in bestimmten Situationen und in bestimmten Zeitabständen aggressiv, was allerdings eine lebensnotwendige Eigenschaft sei, die für Kampf und/oder Flucht (fight or flight Reaktion) in dementsprechenden Situationen unabdingbar ist.
Für die Prävention ergeben sich so folgende Aspekte:

- aggressive Triebe müssen umgelenkt werden (Sport, körperliche Arbeit)
- das Ausleben emotionaler Spannungen muss ermöglicht werden
- der Raum für Aktivitätsbedürfnisse muss bestehen können

Frustrations-Aggressions-Hypothese
Aggression wird als Reaktion auf äußere, frustrierende Ereignisse (Enttäuschung, negative Erfahrung, Entbehrung oder Provokation) gesehen. Eine Frustration führe dann zu einer Aggression, wenn diese Wut oder Ärger auslöst.
Die Frustrations-Aggressions-Hypothese fußt auf vier Grundsätzen:

- Frustration führt zu aggressiven Verhaltensformen und Aggression ist stets die Folge von Frustration.
- Die Aggressionsstärke ist proportional zur vorangegangen Frustrationsstärke.
- Bei der Katharsis (innere Reinigung) wird durch aggressives Verhalten aggressive Energie abgeführt und dieAggressionsbereitschaft reduziert.
- Wird die Ausübung der Aggression gehemmt, kommt es zu einer Verschiebung. Andere Personen (Sündenböcke) oder Objekte (Vandalismus) werden angegriffen.

Ausgehend von diesem Modell ergibt sich für die Gewaltprävention:

- Ärgergefühle müssen verbalisiert werden
- die Interpretationsweisen der Frustrationsauslöser muss verändert werden
- Entwicklung von Frustrationstoleranz und Affektkontrolle
- Anwendung von Entspannungsübungen

Modellernen
Der kanadische Psychologe Albert Bandura (*1925) geht davon aus, dass Menschen durch Imitation und Nachahmung lernen. Experimente mit Kindern bestätigten, dass diese Ansicht auch auf aggressives Verhalten zutrifft.
Bandura folgert, dass die Nachahmung eines aggressiven Modells am wahrscheinlichsten ist, wenn:

- das Modell erfolgreich ist.
- es Macht ausstrahlt (Personal auf psychiatrischen Stationen oder in der Justizvollzugsanstalt = Schlüsselgewalt, Lehrer, Richter usw.).
- die Aggression moralisch gerechtfertigt wird.
- eine positive Beziehung zwischen Modell und Nachahmer besteht.
- der Nachahmer frustriert ist.

Ist das Modell unmittelbar anwesend, ist die Nachahmungswahrscheinlichkeit laut Bandura am größten. Ein „latent aggressives" Grundklima kann so zum Abbau von Hemmungen oder zum Erwerb neuer Verhaltensweisen führen.
Bandura merkt an, dass Aggression ein erlerntes Verhalten sei und man dieses auch wieder verlernen könne. Mögliche Präventionsansätze:
- Kritik an aggressiven Modellen wecken
- erwünschtes Verhalten verstärken, unerwünschtes Verhalten hemmen
- Aufzeigen alternativer, prosozialer Verhaltensweisen

1.1.3 Kommunikationstheorien

„Reden lernt man durch reden." (Marcus Tullis Cicero)

Anschaulich gemacht wird das Prinzip der Kommunikation durch das so genannte Sender-Empfänger-Modell des britischen Soziologen Stuart Hall (* 1932).

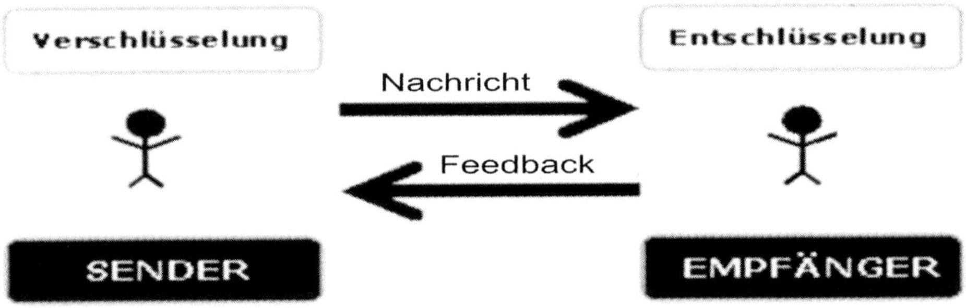

Zwischen Sender und Empfänger wird eine Nachricht ausgetauscht. Dazu bedient sich der Sender (bewusst oder unbewusst) eines Kanals. Dieser Kanal kann die Sprache sein oder auch Gestik, Mimik, Schreiben usw.
Der Empfänger „decodiert" die auf dem jeweiligen Kanal gesendete Nachricht und sendet seinerseits eine Nachricht als Rückmeldung (Feedback). Dieses Modell wird auch als Rückmeldeschleife bezeichnet.

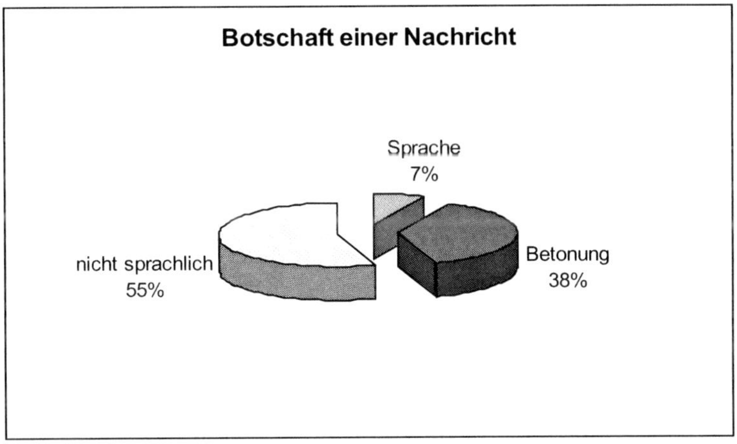

Die Botschaft einer Nachricht bestimmt hauptsächlich der Empfänger und nicht der Sender. Die Wirkung einer Botschaft ergibt sich dabei nur zu etwa 7 Prozent aus ihrem sprachlichen Inhalt. Zu 38 Prozent bestimmen Betonung und Sprechweise unsere Aussage, zu 55 Prozent sind es unsere Gesten und Bewegungen (Untersuchungen von Albert Mehrabian). Stimmen diese drei Bereiche überein, so sind sie kongruent (deckungsgleich). Sie wirken vertrauenswürdig und authentisch (echt).

Der Kommunikationswissenschaftler **Friedemann Schulz von Thun** (*1944) entwickelte das Vier-Seiten-Modell. Wir sprechen und hören bei jedem Kontakt zu einem anderen Menschen auf vier verschiedene Weisen:

1. Der Sachinhalt ist das, was durch gesprochene Worte ausgedrückt wird, also wort-wörtlich.
2. Der Appell einer Botschaft oder einer Handlung drückt die unausgesprochenen Wünsche und Sehnsüchte aus bzw. das, was der Partner davon auf sich bezieht.
3. Im Beziehungshinweis wird ausgedrückt bzw. aufgenommen, wie das Verhältnis der beiden Personen empfunden wird.
4. Die Selbstoffenbarung umfasst verborgene Werte, Emotionen und Triebe. Dieser Teil der Botschaft ist oft nicht-sprachlich und beinhaltet das Freud'sche „Es“ (Triebanteil der Psyche), das „Über-Ich“ (Normen und unbewusste Vorstellungen) sowie das Selbstwertgefühl.

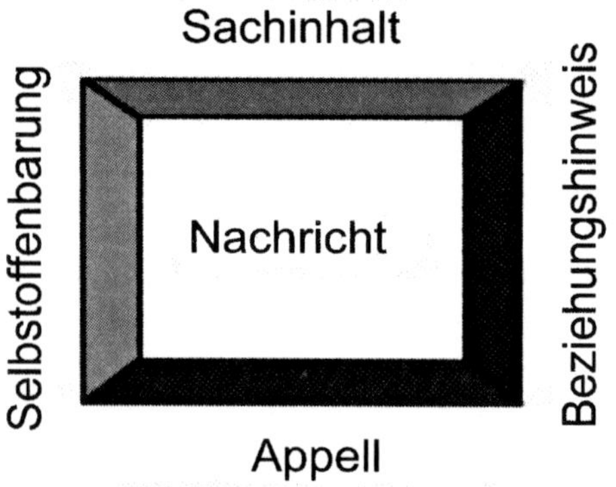

Die vier Seiten einer Nachricht machen zwischenmenschliche Kontakte spannungsreich und anfällig für Störungen. Insbesondere Beziehungs- und Appellebene enthalten ein enormes Konfliktpotential. Denn möglicherweise decodiert der Empfänger die gesendete Nachricht auf einer völlig anderen Ebene, als diejenige, auf der sie gesendet wurde. Interessant sind Theorieeinheiten (auch für Jugendliche) mit greifbaren Beispielen, z.B. die Nachricht „Willst Du noch mit hoch kommen, einen Kaffee trinken?“ um fünf Uhr morgens nach einem Discobesuch. Auch die Nachricht „Hurensohn!“ auf der Straße hat meist nicht die Absicht, Sie zu informieren, dass Ihre Mutter für körperliche Liebe Geld nimmt.

1.1.4 Körpersprache

„Gehen lernt man durch stolpern.“ (Bulgarisches Sprichwort)

Der Körper verständigt sich und ist „der Handschuh der Seele“. Gebärden (Gestik) und Gesichtsausdruck (Mimik) sind das oft nicht zu kontrollierende Ventil, durch das Gefühle und Konflikte nach außen dringen. Dies zu deuten und eventuell zu beeinflussen ist heute eine wichtige Sache geworden, z.B. im Verkauf oder in der Politik. (*Woran erkennen Sie einen lügenden Politiker? – Er bewegt die Lippen!*) 250.000 verschiedene Gesichtsausdrücke und fast 1.000.000 nichtsprachliche Signale wurden mittlerweile unterschieden. Interessant ist, dass die Körpersprache und das eigene Befinden sich gegenseitig beeinflussen. Wenn ich glücklich bin, sehe ich fröhlich aus. Aber auch wenn ich glücklich schaue, fühle ich mich wohler.

Die Haltung spiegelt die Haltung! (Körper- und Geisteshaltung).

Die Körpersprache hat viele Ausprägungen:

- Berühren, Streicheln, Schulter klopfen, aber auch Schlagen (Kinästhetisch)
- Winken, Nicken, Augenaufschlag (Visuell)
- Husten, Räuspern, Fuß stampfen, Klatschen (Auditiv)
- Duften, Schwitzen, Eigengeruch, Parfüm (Olfaktorisch)
- Küssen, Lecken (Gustatorisch)
- Gesichtsausdruck, Augenausdruck, Mundform (Mimik)
- Bewegung und Haltung der Hände (Gestik)
- Blickkontakt, Kopfneigung, -bewegung (Kopf-haltung)
- Körperneigung, -bewegung, Beinhaltung (Körper-haltung)
- Beinkreuzen, Winkel zum Gegenüber, Vor- oder Zurückbeugen (Sitz-haltung)

Viele körpersprachliche „Haltungen" spiegeln sich in unserer Sprache:

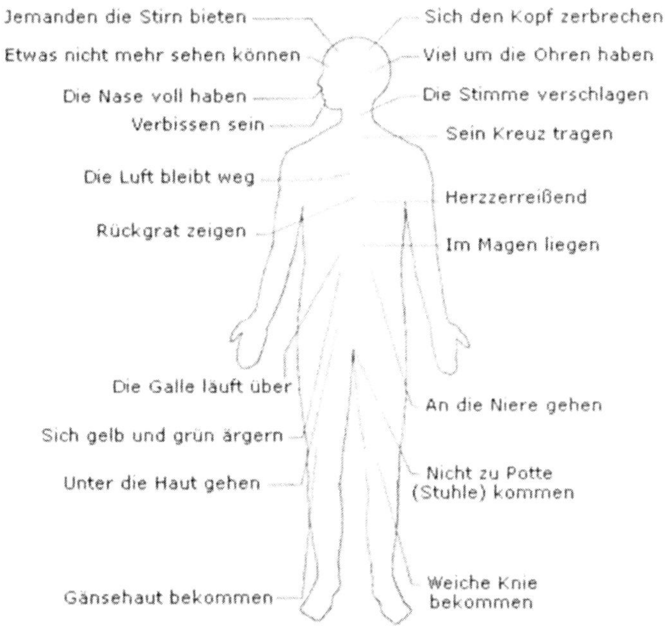

Die Körpersprache ist sehr entscheidend und Sie können in allen Kulturen eine Gemeinsamkeit wieder entdecken: **„Groß ist besser als klein".** Im deutschen heißt es: Sie sind „mickerig", „kleinmütig", „niederträchtig", „kleinlaut", ein „Kleingeist", haben „niedere Instinkte" oder kommen aus der „unteren Schicht". Um dem Gegenüber Respekt zu erweisen, machen wir uns kleiner. Sie nehmen zur Begrüßung den Hut ab, verbeugen sich („Einen Diener machen") oder machen sogar einen Knicks. Die „Vogelperspektive" (von oben nach unten) wird beim Film eingesetzt, um zu zeigen, dass Sie als Zuschauer groß und auch überlegen sind.

Dem gegenüber stehen die aus der „Froschperspektive" gesehenen „hohen Herren" (auch „Hoheit" genannt), die „großen Tiere" oder die „Großen dieser Welt", die auf dem Treppchen „oben" stehen. Sie stehen „über" den anderen und können diese „überzeugen", „überreden", „übertrumpfen" oder einfach „überragen". Die Götter wohnen oben im Himmel oder auf dem Olymp. Die Symbole der Macht und des Erfolges sind auch schon immer groß gewesen, z.B. die Pyramiden, die Kirchen oder Wolkenkratzer. Obwohl körperliche Länge nicht notwendig ist, um in unserer Gesellschaft erfolgreich zu sein, sind die beruflich erfolgreichen Menschen im Durchschnitt größer als der Bevölkerungsdurchschnitt. (Beispiel: Nach Schätzungen von Studenten waren ihre Professoren größer als sie wirklich sind und Mitstudenten kleiner.) Der erfolgreiche Mensch macht ausladende Bewegungen, hat ein riesiges Büro, geht raumgreifenden Hobbys (Golf, Segeln) nach, fährt ein großes Auto, hat „viel" Grundstück, eine Villa mit vielen Zimmern (auch unnötigen wie z.B. dem Geschenkeinpackzimmer). Ansehen zeigt sich in Größe. Besonders beim Mann ist die Größe der PS-Zahl wichtig. (*Wobei einige noch rätseln, ob PS für Pentium-, Potenz-, Penis-, Playmate-rumkrieg- oder Promillestärke steht.*) Um die Größe auszugleichen, richten wir uns in Streitsituationen auf. Wir machen uns breit und plustern uns auf, um Stärke zu zeigen. Tiere haben zusätzlich Federn und Haare, die sie zur Vergrößerung einsetzen können. Die Gorilla stellen ihre Haare an den Schultern auf, damit sie noch breiter und stärker wirken. Das haben unsere menschlichen Armeen und Polizeikräfte weltweit übernommen und zeigen ihre Stärke in Form von Sternen und anderen Zeichen auf ihren Schultern. Auch die breite Brust des Gorilla spiegelt sich wieder in der ordenbehangenen „Heldenbrust".

Gewalttäter sind Meister im Lesen der Körpersprache. Sie erkennen innerhalb weniger Sekunden, ob sie ein „ängstliches Opfer" oder eine „selbst-bewusste Person" vor sich haben. Um ein Gefühl der Macht zu haben, muss der aggressive Gewalttäter einen Sieg er-ringen und sucht sich deshalb ein „Opfer" zum Zweikampf aus. In diesem Text gehen wir kurz und stark vereinfacht auf diese drei Typen (ängstlich, aggressiv, selbst-bewusst) ein und erläutern deren Körpersprache.

Der „Ängstliche Typ“ strahlt seine Unsicherheit in Gestik und Mimik aus. Der Begriff Angst kommt aus dem lateinischen und bedeutet soviel wie „Enge“. Der Gang und die Bewegungen wirken „eingeengt“ furchtsam und der Gesichtsausdruck scheint besorgt zu sein. Die Haltung ist gebückt, die Beine stehen eng zusammen, die Arme befinden sich vor dem Körper, die Schultern und der Kopf sind nach vorne gebeugt. Der „Ängstliche“ schützt alle seine empfindlichen Körperteile, die sich auf seiner vertikalen Mittellinie befinden (Nasenbein, Kehlkopf, Solarplexus, Magengegend und Tiefbereich). Es wirkt so, als würde er sich wie ein Igel zusammenrollen oder sich der Embryonalstellung annähern. Er ordnet sich der anderen Person „unter“ und macht sich klein.

Der „Aggressive Typ“ möchte das Gefühl der Überlegenheit spüren und Macht ausüben. Dass das Gegenüber dem Täter unter-legen ist, zeigt „Mann“ am deutlichsten, wenn das Gegenüber ohn(e)-mächtig „unter“ ihm liegt. Aus diesem Grund sucht der Aggressive sich ein Opfer und keinen Gegner, weil er sonst selbst unter(n)-liegen könnte. Das Beeindrucken des Gegners durch seine aggressiven Gesten hat sich seit Tausenden von Jahren nicht geändert. Ähnliche Gebärden kann man heute bei verschiedenen Tieren im Zoo, in den Wäldern oder in der Wüste genau so gut beobachten wie bei unseren Artgenossen in der Eckkneipe, auf einer Kirmes oder beim Schützenfest. Der Stand ist mehr als schulterbreit und die Arme sind nach unten zur Seite gestreckt, um der Öffentlichkeit zu zeigen, wie breit und mächtig man ist. Dies ist sehr gut bei „Möchte-gern-Bodyguards“ vor einigen Diskotheken zu bewundern. Der Kopf ist angehoben und damit wird der Kehlkopf freigelegt. Die vertikale Mittellinie ist völlig ungeschützt, um dem Gegenüber die empfindlichen Körperpunkte zu präsentieren. Diese Haltung gab es schon bei den Revolverhelden des Wilden Westen: „Ich zeige dir meine Schwachstellen (Kehlkopf, Tiefbereich usw.) und habe meine Waffen unten (Fäuste / Pistolen). Trotzdem hast du keine Chance gegen mich!“ Der aggressive Typ wird gerne von Gleichgesinnten als Gegner und als Herausforderung genommen, um ihm zu zeigen, dass er nicht der Stärkere ist.

Der (sich) „Selbst-bewusste“ kennt seine Fähigkeiten, aber auch seine Eigenarten. Er ist sich selbst bewusst. Er kennt seinen Stellenwert und weiß, wie viel Platz er einnehmen „darf“. Er steht hüftbreit und seine Körperhaltung ist aufrecht und gerade, ohne hoch-näsig zu wirken. Er hat einen „festen Standpunkt“ und besitzt „Rückgrat“. Die Wahrscheinlichkeit, dass er von einem Gewalttäter provoziert wird, ist gering. Er ist nicht so direkt einzuschätzen, wirkt aber so, als wolle er keinen Streit. Für den „aggressiven Typ“ ist er weder als „Opfer“ noch als „Feind“ zu erkennen. Der Aggressor kann also weder seinen Selbst-wert durch einen einfachen Kampf aufbauen, noch muss er sein „markiertes“ Gebiet verteidigen. Deshalb ist hier die Wahrscheinlichkeit am geringsten, dass der Selbst-bewusste angegriffen wird.

1.1.5 Distanzen

„Der Unterschied zwischen dem richtigen Wort und dem beinahe richtigen ist derselbe Unterschied wie zwischen einem Blitz und einem Glühwürmchen.“ (Mark Twain)

Auch kann die **Distanz** zum Gegenüber etwas über Ihr momentanes Verhältnis aussagen. Wenn Sie jemanden sympathisch finden, und Sie sich näher kommen, so verringert sich auch Ihre Distanz (geistig und körperlich). Sie fühlen sich manchmal zu Leuten hingezogen, sind ihnen „zugeneigt“ oder finden sie attraktiv. Attraktion heißt übersetzt Anziehung. Wir sind immer noch Rudellebewesen und ordnen uns oft anderen Personen unter, wenn diese mehr „Macht“ ausstrahlen. Auch wenn dieser Begriff oft negativ belegt ist, verwenden wir ihn hier, weil er am besten passt. Es ist die Stellung in der Gruppe gemeint und die Fähigkeit, die anderen zu beeinflussen. „Beeinflussung" ist natürlich auch oft negativ belegt, obwohl wir es ständig machen. Wenn wir um etwas bitten, Dienstanweisungen aussprechen oder einfach nur diskutieren, wollen wir den anderen Menschen beeinflussen. Theoretisch dient jede Kommunikation der Beeinflussung. Und je höher das Machtgefälle, desto leichter ist dies möglich.

Die **Intim-Distanz** (auch Nahdistanz) vom Körperkontakt bis zu 90 cm ist die akzeptierte körperliche Distanz zwischen sehr eng befreundeten Menschen, Liebespaaren, Kindern und Eltern. Im westlichen Kulturkreis wird die nahe Distanz zwischen Frauen gesellschaftlich akzeptiert, nicht aber zwischen Männern. Im arabischen Kulturkreis und in bestimmten südeuropäischen Ländern ist die intime Distanz zwischen Männern gang und gäbe. Westliche Männer empfinden die intime Distanz, wenn sie sich nicht sehr gut kennen (außer beim Händedruck) oft als peinlich und reagieren mit Unsicherheit und Unruhe. In der intimen Distanz wird nur ein flüchtiger neutraler Blickkontakt als angemessen toleriert. Ein Blickkontakt von mehr als einer Sekunde wird in diesem Abstand als aufdringlich oder Zumutung empfunden; er löst das Gefühl des Angestarrt-werdens aus und kann zu aggressiven Ausbrüchen führen. Geraten Menschen, die einander fremd sind, gezwungenermaßen in die nahe intime Distanz (Fahrstuhl, überfüllte Verkehrsmittel, Gedränge bei öffentlichen Veranstaltungen), so löst dies oft Unbehagen, Unruhe und/oder Aggressionen aus. Möglicherweise werden Gewalttätigkeiten in Fußballstadien durch das Zusammendrängen von Menschen in die intime Distanz gefördert.

In der **Persönlichen Distanz** (Gesprächsdistanz) um etwa 1m (0,9 bis 1,5 m) kann der andere nicht mit der Faust erreicht werden, aber die Gesprächspartner haben immer noch die Möglichkeit, sich die Hand zu geben. Es ist die typische Distanz von Cocktailparties. Die weite persönliche Distanz markiert die äußerste Grenze des persönlichen Dominanzbereiches. Es ist der Abstand, den Menschen in der Regel unwillkürlich, z.B. bei Begegnungen auf der Straße, einnehmen, wenn sie ein Gespräch suchen, sich jedoch nicht sehr vertrauliche Dinge mitteilen wollen. Die Botschaft dieser Distanz ist eine offene und neutrale Gesprächsbereitschaft. Die weite persönliche Distanz ist die Entfernung, in der Arzt und Patient miteinander sprechen sollten. Es ist der Abstand, der sich für Gespräche im Sitzen am besten bewährt hat. Das gleiche gilt, wenn der Arzt sich mit dem Patienten, der im Bett liegt unterhält. Das Gespräch bei der Visite vom Fußende des Bettes her zeigt, dass der Arzt sich bereits außerhalb der persönlichen und in der sogenannten gesellschaftlichen Distanz befindet, die für ein vertrauliches Gespräch nicht mehr geeignet ist. Auch die meisten technischen Untersuchungen (Sonographie, Endoskopie, Katheteruntersuchungen) werden in der persönlichen Distanz durchgeführt. Der Patient, der drei Meter entfernt vor seinem Arzt auf eine Sitzgruppe verbannt wird, befindet sich in einer kommunikativ problematischen Situation, ähnlich wie der vom Computertomographen umschlossene Kranke, der keinen Arzt in seiner Nähe ausmachen kann.

Die **gesellschaftliche Distanz**, zwischen 1,5 und 3 m, gilt vor allem für offizielle gesellschaftliche oder geschäftliche Anlässe. Sie ist in gewisser Weise eine schützende Distanz und wird auch oft bei Streitigkeiten eingehalten. Bei dieser Entfernung ist dauernder Blickkontakt erwünscht. Ein lediglich kurzer flüchtiger Blickkontakt würde vom Partner als ungehörig empfunden, solange man spricht. Viele Vorgesetzte nehmen bei Kritikgesprächen statt der persönlichen die gesellschaftliche Distanz ein. Die weite gesellschaftliche Distanz gibt auch die Möglichkeit, auf höfliche Art zu zeigen, dass man keine Kommunikation wünscht: Sie erlaubt es beispielsweise der Empfangsdame, sich vom wartenden Besucher wieder abzuwenden und weiter zu schreiben.

In der **öffentlichen Distanz** (Seminar- oder Ansprachdistanz) von 3 bis 8 m befindet sich beispielsweise der Lehrer, der eine Schulklasse unterrichtet, der Vorgesetzte, der eine Ansprache an seine Mitarbeiter hält oder mit einer überschaubaren Gruppe im Betrieb spricht. Es ist die notwendige Distanz bei Vorträgen, weil der Redner erst bei diesem Abstand den gesamten Zuhörerkreis im Blickfeld behalten kann. Interessanterweise halten sich auch bestimmte Tierarten dem Menschen gegenüber an die öffentliche Distanz und lassen ihn nur bis auf diese Entfernung herankommen. Kommt der Mensch näher, weichen sie zurück, fliehen oder gehen zum Angriff über. Diese Eigenschaft machen sich Dompteure in der Manege zunutze. Der Dompteur geht geradewegs auf den Löwen zu. Sobald er sich ihm mehr als 4 m nähert, weicht der Löwe so lange zurück, bis ihn die Gitterstäbe des Käfigs hindern. Nähert sich der Dompteur weiter, geht nunmehr der Löwe auf den Dompteur zu. Der Dompteur nutzt die Situation und stellt das für den Löwen bestimmte Podest zwischen sich und das Tier. Um auf kürzestem Weg an den Dompteur heranzukommen, muss der Löwe auf das Podest klettern. In diesem Augenblick entfernt sich der Dompteur schnell aus der öffentlichen Distanz und hat den Löwen genau dort, wo er ihn haben will.

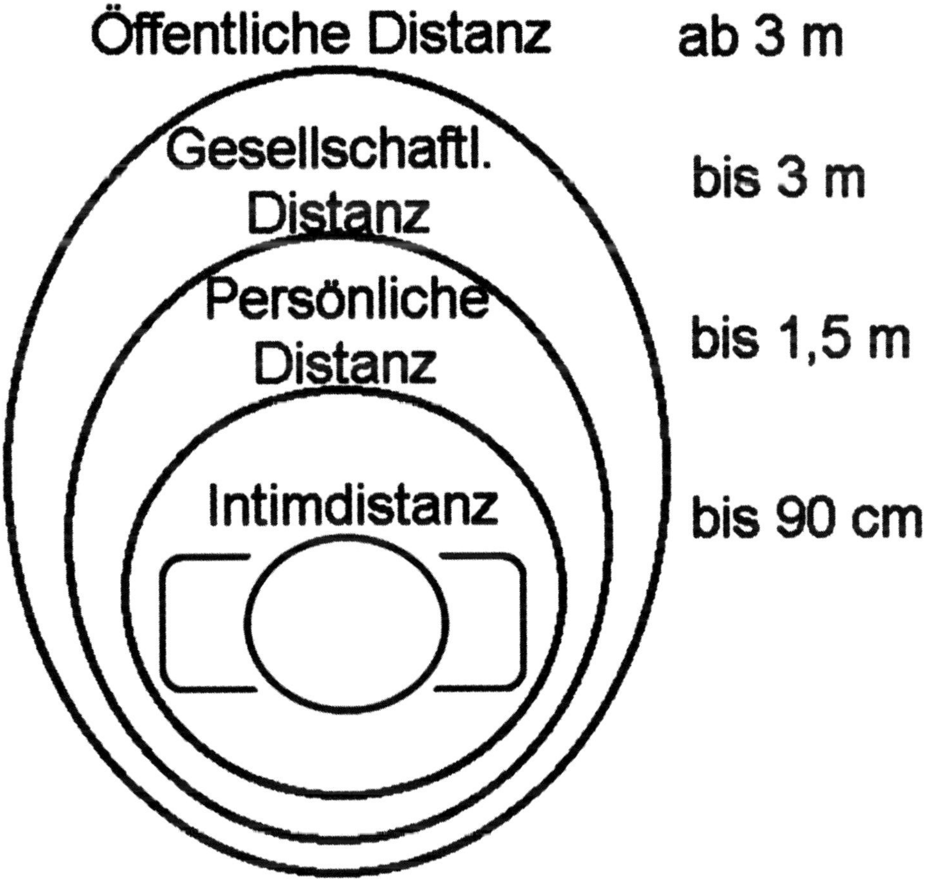

Raumfassung und -bedürfnis sind in verschiedenen Kulturen teilweise völlig verschieden. So neigen beispielsweise Japaner oft dazu, sich auf aller kleinstem Raum zusammen zu drängen. Ein Verhalten, das sich sehr gut an japanischen Reisegruppen studieren lässt. Interessanterweise gibt es im Japanischen keinen äquivalenten Begriff für das deutsche Wort „Privatsphäre". Auch viele Araber lieben es, sich auf engstem Raum zu versammeln. Die relativ große private „Distanzblase" des Europäers, insbesondere des Deutschen, ist ihnen völlig fremd. Araber mögen oft Enge, Drängeln und körperliche Nähe; dieses spezifische Distanzverhalten trägt wesentlich zum Flair orientalischer Basare bei. Die sprichwörtlich „unfreundliche Haltung" des New Yorkers in seiner völlig übervölkerten Stadt hat wahrscheinlich in Wirklichkeit nichts mit Unfreundlichkeit zu tun. Um die Privatsphäre nicht zu verletzen, ignoriert er sozusagen die Leute in der U-Bahn und im Straßengedränge. Das Einhalten einer bestimmten Distanz zum anderen besitzt demnach den Charakter einer nicht-sprachlichen Botschaft. Voraussetzung ist, dass die Kommunikationspartner das gleiche Raumbedürfnis haben. Ist dies nicht der Fall, so kann es rasch zu Missverständnissen kommen. Der angemessene Gesprächsabstand zwischen Fremden ist bei Mittelmeervölkern und Südamerikanern deutlich geringer als in Westeuropa und Nordamerika. Der Grieche oder Türke, der mit einem Deutschen oder Franzosen sprechen will, wird einen kürzeren Abstand zu seinem Gesprächspartner einnehmen, als wenn zwei Deutsche oder zwei Franzosen miteinander sprechen. Ein Deutscher, mit dem ein Türke spricht, kann dann leicht das Gefühl der Aufdringlichkeit bekommen und wird dann unbewusst etwas zurückweichen, um die für ihn richtige Distanz einzunehmen, was ein Türke oder Grieche wiederum als Herabsetzung oder Ausweichen empfinden könnte.

Nicht nur die Distanz, sondern auch der Stand zueinander sagt etwas über ihr Verhältnis aus. Sind Sie sich eher zu- oder abgeneigt? Stehen sie sich genau gerade (konfrontativ) gegenüber oder stehen sie eher seitlich zueinander und geht ihre Körperausrichtung auf einen gemeinsamen Punkt? Bei Partys mit Frauenmangel kommt es oft vor, dass mehrere Männer sich mit einer Frau unterhalten. Oft haben „alle“ Männer das gleiche Ziel. Ihre Körperausrichtung und Ihre Fußspitzen zeigen klar in Richtung „Frau“.
Die Ausrichtung können Sie z.B. bei der Sitzordnung privat oder beruflich nutzen (siehe Kapitel „Büro“).

1.2 Sie selbst

> *„Ich habe in meiner Jugend auch viele Horrorfilme gesehen, aber trotzdem ist die Zahl der Personen, denen ich mit einer Axt den Schädel gespalten habe, überschaubar.“ (Günther Jauch)*

Sie selbst haben alle Fähigkeiten, um in jeder Situation deeskalierend zu wirken. Doch nutzen Sie diese Fähigkeiten auch komplett oder können Sie einige Sachen in dieser Hinsicht an sich „verbessern“?

1.2.1 Wahr-nehmung

„Einer der häufigsten Fehler der Menschen liegt darin, dass sie glauben, dass unsere begrenzte Wahrnehmungsfähigkeit auch die Grenze dessen ist, was wir erfahren können." (C. W. Leadbeater)

Sie haben fünf **Wahrnehmungsorgane** (Augen, Ohren, Haut, Nase, Zunge) und können über diese Informationen aufnehmen. Sie nehmen um sich herum „wahr", was für Ihre Sinne wahr ist. Dies kann aber auch eine „unwahre" Fatamorgana oder eine Halluzination sein. Sie werden wahrscheinlich ein bevorzugtes Sinnesorgan haben, welches sich auch in Ihrer Wortwahl widerspiegelt. Wenn Sie von „keinen Durchblick haben", „schwarz sehen" oder „Sachen unter die Lupe nehmen" sprechen, werden Sie den Sehkanal ausgeprägt nutzen. Wenn Sie von „kein Tamtam machen", „auf gleicher Wellenlänge sein" oder „in Harmonie leben" reden, könnte Ihr Hörkanal hauptsächlich genutzt werden. Schön wäre es, alle Kanäle ansprechen zu können. Es kann nämlich passieren, dass Menschen, die auf unterschiedlichen Kanälen sind, sich nicht verstehen. Durch Beobachtung, Reflektion, Sinneskanaltraining (z.B. nur auf Geräusche hören) und „Spielen" mit Wörtern kann dies verbessert werden.

Die Schärfung der **Wahrnehmung** kann jedenfalls zur Deeskalation beitragen. Sie sollten lernen, frühzeitig Warnsignale von anderen und von sich selbst zu erkennen, die auf eine mögliche Eskalation hinweisen.
Die eigenen Gefühle können genauso wie die Körpersprache des Gegenübers ein Warnsignal sein.

Je früher Sie eine Eskalation wahrnehmen, desto einfacher ist die Deeskalation.

Achten Sie dabei besonders auf Ihre unguten Gefühle, Ihr Bauchgefühl, Ihre Intuition.

Augen sagen mehr als Worte. Kurze, unbewusste Bewegungen der Augen in verschiedene Richtungen geben z.B. Aufschluss darüber, aus welchem Sinnessystem gerade Informationen abgerufen werden. Die folgende Grafik gilt für die meisten Rechtshänder. Bei Linkshändern sind die Seiten meist vertauscht.

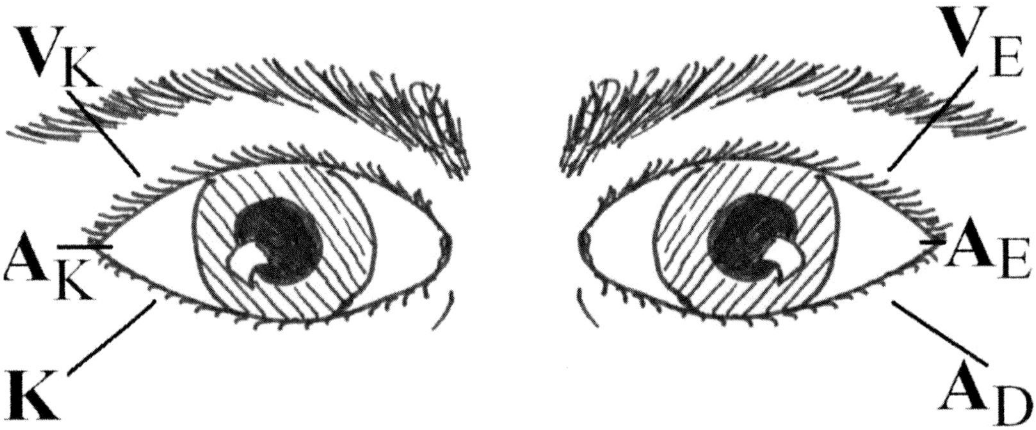

VK	visuelle Konstruktion (phantasierte innere Bilder)
VE	erinnerte Bilder
AK	auditive Konstruktion (phantasierte Geräusche/Klänge)
AE	erinnerte Geräusche/Klänge
K	Bewegungen, taktile Gefühle, Emotionen
AD	innere Stimme(n), innerer Dialog

Die **Augen** (visueller Sinneskanal) gelten als „Fenster der Seele" und sind in unserer Gesellschaft oft das bevorzugte Sinnesorgan. Deshalb gehen wir auf die Augen auch ein wenig intensiver ein. Blicke sind „Berührungen auf Distanz" und es lässt sich so alles Mögliche mit den Augen ausdrücken:
Einen vernichtenden Blick zuwerfen / einen vielsagenden Blick zuwerfen / mit Blicken töten / jemanden freundlich anblicken / jemandem zuzwinkern / einen mit Argusaugen beobachten / ein Auge auf jemanden werfen / jemanden nicht aus den Augen lassen / jemanden mit den Blicken verfolgen / mit einem lachenden und einem weinenden Auge / große Augen machen / jemanden aus den Augen verlieren / jemandem schöne Augen machen / jemanden mit Blicken fixieren / Liebe auf den ersten Blick empfinden / jemanden mit Blicken verzaubern / der Blick spricht Bände / etwas mit einem Blick erfassen / jemanden mit Blicken verschlingen / heimliche Blicke tauschen / wechseln / jemandem ins Blickfeld geraten / den Blickwinkel ändern / tief blicken lassen / jemandem ins Auge fallen / einen stechenden Blick haben / verstohlene Blicke zuwerfen / sich mit jemanden auf gleicher Augenhöhe unterhalten (siehe Kapitel „Visuell")

Unsere **Ohren** nehmen Geräusche wahr (auditiv). Lautstärke kann Aggression und leise Töne Unsicherheit ausdrücken. Eine dunkle feste Stimme wirkt vertrauenerweckend und ehrlich (siehe Kapitel „Verbal“).

Vieles unserer Umwelt nehmen wir durch **Fühlen** (kinästhetisch) und Bewegen wahr. Einen anderen Menschen zu berühren kann Nähe, aber auch Machtgefälle zeigen. Ein Chef kann in der Öffentlichkeit oft ohne Schwierigkeiten seinen Azubi auf die Schulter oder den Rücken klopfen. Umgekehrt wäre es eher ein befremdliches Bild (siehe Kapitel „Taktil“).

Die beiden Sinne **Riechen** (olfaktorisch) und **Schmecken** (gustatorisch) werden oft zusammengefasst, da Schmecken zu 80% durch die Nase und ihren Geruchsinn wahrgenommen wird. Deshalb sollen sich Kinder beim Schlucken bitterer Medizin auch die Nase zuhalten. Viele Gerüche werden unterbewusst wahrgenommen, sind aber für das ganzheitliche Erleben wichtig. Daher auch bestimmte Redensarten wie „das stinkt mir“, „den andern gut riechen können“ oder „mir schmeckt das nicht“. Interessant ist, dass wir, um von vielen anderen gerne gerochen zu werden, lieber unseren Eigengeruch mit Deo neutralisieren und durch das Analsekret eines Ochsen (Moschus) ersetzen.

1.2.2 Filter und Bedürfnisse

... Wahrheit tut weh!

Im Alltag machen wir uns schnell ein **Bild von anderen Menschen**, wobei dieses nur teilweise das Ergebnis sorgfältiger Beobachtung und Auswertung dessen ist, was wir in Erfahrung bringen können. Vielmehr entwickeln wir auf der Grundlage von eigenen Erfahrungen spontan ganz bestimmte Eindrücke und Urteile. Wir verallgemeinern das Beobachtbare, ordnen das Wahrgenommene in gespeicherte Schemata, Raster und Schubladen ein, ergänzen das Wahrgenommene durch Annahmen und Denkgewohnheiten (siehe Kapitel „SOR- oder ABC-Modell").

Jeder Mensch bekommt über seine **Sinnesorgane** ca. zwei Millionen Informationen pro Sekunde geliefert, kann bewusst aber nur fünf bis neun Informationen verarbeiten. Dieser Filterungsprozess wird durch die jeweiligen Werte, Überzeugungen, Erinnerungen, Erfahrungen und Hintergründe beeinflusst. Aufgrund dieser verarbeiteten Informationen zeichnet sich jeder Mensch seine eigene Landkarte von der Welt, welche aber nicht die Wirklichkeit (Gebiet), sondern nur einen Ausschnitt (eigene Landkarte) zeigt. Diese Landkarten können sehr unterschiedlich sein. Gehen Sie einfach mal mit einem Polizeibeamten, einem Rechtsextremisten und einem Modedesigner für einen Einkaufsbummel in die Stadt. Lassen Sie sich danach schildern, worauf jeder Einzelne geachtet und was sie wahrgenommen haben. Wir gehen davon aus, dass Sie drei völlig unterschiedliche Geschichten und Erfahrungen hören und vielleicht denken, dass Ihre Begleiter von einem anderen Einkaufsbummel erzählen.

Jeder Mensch hat seine **Vor-erfahrungen** und auch seine **Vor-urteile**. Innerhalb der ersten zehn Sekunden schieben wir den neu Kennengelernten in eine Schublade. Auch wenn Sie sehr reflektiert oder fast erleuchtet sind, werden Sie dies tun. Das ist nicht verwerflich. Wichtig ist nur, dies zu wissen und diesen Menschen auch leicht in andere Schubladen gelangen zu lassen.

Zu dem Bereich Vor-urteile gab es u.a. folgende Experimente. Unter Leitung des amerikanischen Psychologen **Robert Rosenthal** machten Studenten Versuche mit angeblich „schlauen" und „dummen" Ratten. Diese waren aber gleich intelligent. In den Tests schnitten tatsächlich die „schlauen" Ratten viel besser ab als ihre „dummen" Artgenossen. Danach testete Rosenthal zu Beginn eines Schuljahres alle Kinder einer Schule. Dann gab er den Lehrern die Namen einzelner Schüler, die dem Testergebnis zufolge eine „ungewöhnlich gute schulische Entwicklung" nehmen sollten (insgesamt 20% der Schüler). Die Namen der „Hochbegabten" waren wiederum streng nach dem Zufallsprinzip ausgewählt. Am Ende des

Schuljahres hatten die vermeintlich „Hochbegabten" nach dem Ergebnis eines Schulleistungstests einen großen Vorsprung gegenüber den anderen Schülern. Die „Hochbegabten" hatten viel bessere Noten und schnitten in Intelligenztests auch besser ab. Der Umgang der Lehrer mit den „Hochbegabten" und den anderen Schülern führte ersichtlich zu einer Veränderung. Dieser Versuch macht noch einmal deutlich, welche Auswirkungen es hat, wenn Menschen in Schubladen gesteckt und dort nicht wieder rausgelassen werden.

Wie weit Menschen gehen, wenn sie ihre Verantwortung abgeben können, zeigte folgendes Experiment. Der amerikanische Psychologe **Stanley Milgram** (1933 – 1984) untersuchte, ob „normale Menschen" anderen Menschen Elektroschocks per Knopfdruck zufügen würden, wenn diesen erklärt wurde, dass es für dieses Experiment notwendig sei. Über Lautsprecher hörte der „Knopfdrücker" bei jeder Erhöhung der Voltzahl das Grunzen, Betteln und Schreien des anderen Menschen. Ab einer bestimmten Voltzahl kam nur noch Stille. In verschiedenen Durchgängen brachen bis zu 65 % dieses Experiment nicht ab und gingen bis zum „Ende".

Außerdem haben wir noch unseren gesellschaftlichen Filter „Defizitorientierung". Uns fallen negative Sachen viel eher auf als positive. Schreiben Sie mal zum Spaß zehn leichte Mathematikaufgaben an die Tafel, wovon eine falsch ist. Wenn Sie dies einer Gruppe präsentieren, wird ein Großteil auf die falsche Aufgabe hinweisen. Wir haben es bisher noch nicht erlebt, dass wir darauf aufmerksam gemacht wurden, dass die meisten Aufgaben richtig sind. Schon in der Grundschule wurden unsere Fehler mit der Signal- und Warnfarbe Rot unterstrichen und nicht die richtigen Aufgaben. Mittlerweile versuchen Lehrer mit Smileys und Positivpunkten dies ein wenig aufzubrechen.

Aber warum handeln Menschen, wie sie handeln? Menschen werden von Bedürfnissen angetrieben. Die meisten Bedürfnisse treiben uns unterbewusst an. Werden sie nicht befriedigt, können Ersatzbefriedigungen (z.B. Süchte) folgen.
Der amerikanische Forscher Abraham Maslow hat die menschlichen Bedürfnisse zusammengefasst und nach ihrer Bedeutung gegliedert:

1. Grundbedürfnisse: Hunger, Durst, Sexualität, Schlaf, Selbsterhaltung
2. Sicherheit: Schutz, Geborgenheit, Stabilität
3. Soziale Zugehörigkeit: Gemeinschaft, Kommunikation, Liebe
4. Anerkennung: Achtung, Wertschätzung, Lob, Status
5. Selbstentfaltung: Kunst, Eigenverantwortung, Selbstverwirklichung

Die Bedürfnispyramide nach Maslow

Zuerst strebt der Mensch nach der Befriedigung der grundlegenden Bedürfnisse, also Hunger, Durst usw. Wenn diese befriedigt sind, widmet er sich der nächsten Stufe. Wenn diese befriedigt ist, widmet er sich wieder der nächsten usw., usw.

Wenn also ein Mensch Hunger hat, denkt er nicht über seine Selbstverwirklichung nach. Je mehr Sie beim Gegenüber an das Fundament der Pyramide gelangen, desto heftiger können seine Reaktionen sein. Wenn jemand aufgrund Ihrer Handlungen, finanziellen Kürzungen bekommt und um sein täglich Brot fürchtet (1. Stufe Hunger), wird die Gegenwehr wahrscheinlich heftiger ausfallen, als wenn Sie ihn nicht zur Ihrer Gartenparty einladen (3. Stufe: Gemeinschaft).

„Erst kommt das Fressen, dann die Moral.“ (Bertolt Brecht)

1.2.3 Logische Ebenen

Ein Mensch geht seinem Schatten nach. Er versucht ihn zu ergreifen, doch immer wenn er die Hand nach ihm ausstreckt, weicht der Schatten zurück. Der Mensch beschleunigt seinen Schritt, läuft, rennt, der Schatten lässt sich nicht einholen. Da dreht sich der Mensch um und eilt in der Gegenrichtung davon. Doch seltsam, findet der Mensch, nun ist es der Schatten, der ihn verfolgt. So schnell er auch läuft, der Schatten lässt sich einfach nicht abschütteln.

Die logischen (auch neuro- oder psycho-logischen) Ebenen kommen aus dem Bereich des Neurolinguistischen Programmierens (NLP). NLP ist eine Ansammlung von Modellen, um an den eigenen Denkprogrammen, Zielen, Problemen und Fähigkeiten zu arbeiten. Es wird in der Pädagogik, in der Medizin, in der Therapie und in der Wirtschaft eingesetzt und hat seine Wurzeln in der menschlichen (humanistischen) Psychologie. Daher ist es ein sehr menschenfreundlicher Ansatz und geht davon aus, dass Menschen von Natur aus über alle nötigen Kraftquellen und Fähigkeiten verfügen. Andere Grundannahmen im NLP sind, dass alle Menschen perfekt arbeiten. Niemand ist „nicht in Ordnung“ oder ist „kaputt“. Menschen treffen aufgrund der ihnen verfügbaren Information die beste mögliche Entscheidung und jedes Verhalten ist nützlich. Leider sind der Ort und der Zeitpunkt nicht immer der best-gewählte. Aggressiv zu reagieren z.B. in einer Bedrohungssituation kann lebensnotwendig sein. Aggressive Handlungen dem Chef gegenüber kann die Kündigung bedeuten. Das aggressive Verhalten ist an sich nützlich, der Kontext ist aber entscheidend.

Einer der Weiterentwickler des NLP, **Robert Dilts**, entwickelte das Modell der „Logischen Ebenen“, welche bei der niedrigen Ebene „Verhalten“ anfängt und bis zur höchsten Ebene „Mission“ hinaufgeht. Bei diesem Modell geht Dilts davon aus, dass Veränderungen auf einer niedrigeren Ebene nicht unbedingt einen Wandel auf höheren Ebenen nach sich ziehen. Eine Veränderung auf einer höheren Ebene hat aber immer Wandlungen in den niedrigeren Ebenen zur Folge.

- Verhalten (Was tue ich?)
- Fähigkeiten (Wie tue ich es? Was muss ich dazu können?)
- Einstellungen / Werte (Was denke ich über die Welt und andere Menschen?)

- Rolle / Identität (Wer bin ich?)
- Zugehörigkeit (Zu welcher Gruppe gehöre ich?)
- Mission (Was ist mein Auftrag? Was ist meine Botschaft an die Welt?)

Jedes Verhalten können Sie anhand der logischen Ebenen betrachten. Mögliche Logische Ebenen eines „Mobbing-Opfers":

- Verhalten – vor Angst erstarren, stottern und sich „klein" machen
- Fähigkeit – unter Stress viele Fähigkeiten nicht zu nutzen
- Einstellung – andere Menschen wollen mir etwas Schlechtes und ich kann nichts tun
- Rolle – ich bin ein „Angsthase", der es nicht besser verdient hat
- Zugehörigkeit – ich gehöre zu den Schwachen, die alles mit sich machen lassen
- Mission – überleben, ohne zu viele Schläge ab zu bekommen

An diesem Beispiel wird meist klar, dass es nicht ausreicht, dem „Opfer" nur zu sagen, dass es sich anders verhalten soll. Dies wäre „nur" eine Veränderung auf der Verhaltensebene und würde höchst wahrscheinlich nicht zu einer längerfristigen Änderung führen. Ideal wäre eine Begleitung auf allen Ebenen. Mögliche Ebenen eines „ehemaligen Opfers":

- Verhalten – Grenzen (ohne Schlagen) setzen, wenn mir jemand zu nahe kommt
- Fähigkeit – Grenzen rechtzeitig erkennen und sprachlich regeln können
- Einstellung – Jeder Mensch hat gute und schlechte Seiten
- Rolle – Ich bin jemand, der das Leben genießt
- Zugehörigkeit – Ich gehöre zu den „Gutgelaunten", mit denen andere sich gerne umgeben
- Mission – Leben und Freude vermitteln

Dies ist natürlich eine sehr vereinfachte Darstellung, aber trotzdem werden Sie sich vorstellen können, dass es ein langer Weg ist, die verschiedenen Ebenen zu bearbeiten. Es funktioniert nicht, wenn sich das Opfer in der Rolle gefällt (Mitleid, Aufmerksamkeit, Trost vom anderen Geschlecht). Das schwierigste dabei ist der Teufelskreis: Sie „sehen" aus wie ein Opfer – Sie werden zum Opfer – Sie glauben daran, dass Sie ein Opfer sind – Sie „sehen" aus .... . Dieser Teufelskreis muss erst einmal durchbrochen werden und das kann nur das „Opfer" selbst, idealerweise mit Unterstützung seiner Mitmenschen.

1.2.4 Inneres Team

„Wenn wir uneins sind, gibt es wenig, was wir tun können. Wenn wir uns einig sind, gibt es wenig, was wir nicht tun können."
(John F. Kennedy)

Sie kennen es bestimmt, dass Ihre innere Reaktion auf ein Ereignis, eine Entscheidung oder einen Menschen nicht eindeutig ist. Ihre Gefühle sind eher gemischt, undeutlich und schwankend. Sie fühlen sich hin- und hergerissen, Sie „ja-abern" oder sagen ganz klar „Jein". Dies sind die Ansatzpunkte von Goethes „Faust", „Dr. Jekyll und Mr. Hyde", dem unglaublich-grünen „Hulk" und dem Charakter „Gollum" in „Herr der Ringe". Diese verschiedenen Charakteranteile werden in der Literatur oft anders genannt, meinen aber im Grunde dasselbe:

- Seelen
- Teilpersönlichkeiten
- Mitglieder des Innern
- Teile
- Stimmen
- Innere Personen
- Elemente
- Inneres Team

All Ihre „inneren Personen" repräsentieren Gedanken, Gefühle, Bedürfnisse, Werte und bestimmte Handlungsleitlinien. Sind „sie" sich uneinig, ist auch Ihre Kommunikation unklar und widersprüchlich. Ihre Kommunikation ist nicht kongruent (deckungsgleich) und es treten die kommunikativen „Weichmacher" zu Tage: „..ein Stück weit ...", „ich glaube, eigentlich hatten wir vereinbart, dass..." usw. In Ihrem Innern ist ein furchtbares Durcheinander und dies bekommt Ihr Gegenüber mit. Lassen Sie Ihr Inneres zu einem Team werden und nicht zu vielen Einzelspielern. Seien Sie der Coach, der Feldherr, der Regisseur oder der Dirigent.
Mögliche „innere Personen" bei einer Eskalationssituation:

- Rächer – ist wütend und möchte, dass dem Gegenüber die gleichen Schmerzen zugefügt werden (plus Zinsen)
- Vorsichtige – hat Angst und möchte jeden möglichen Konflikt verhindern
- Pflichterfüllende – möchte, dass Sie all Ihrer privaten und beruflichen Verpflichtungen nachkommen
- Gerechte – möchte einen Ausgleich schaffen, welcher für alle Parteien in Ordnung ist

- Verstehende – versteht Ihr Gegenüber und möchte ihm deshalb viele Zugeständnisse machen
- Egoistische – möchte, dass Sie sich wohl fühlen, egal wie es dem anderen geht

Möglichkeit einer inneren Konfliktbearbeitung

1. Gehen Sie in sich und identifizieren Sie alle Konfliktparteien. Geben Sie Ihnen vorläufige Namen. (Sehr oft tauchen Eltern und Großeltern als moralische Instanz im Innern auf). Setzen Sie alle Konfliktparteien auf Stühle um sich herum.
2. Betrachten Sie jede Konfliktpartei und versuchen Sie zu erkennen, welche Gefühle und Bedürfnisse dahinter stehen. (Fast) immer erkennen Sie, dass jede Konfliktperson seine Berechtigung hat und Ihr Bestes möchte.
3. Lassen Sie die inneren Konfliktparteien miteinander in Dialog treten. Setzen Sie vielleicht noch Ihre „Innere Person für Kreativität“ dazu. Verbieten Sie nicht einer Konfliktpartei ihre Meinung zu sagen. Dies rächt sich oft unterbewusst.
4. Alle Konfliktpersonen haben ein gemeinsames Ziel – Ihr Bestes. Versuchen Sie kreative Lösungsmöglichkeiten zu finden, wenigstens drei.
5. Überlegen Sie, ob diese Lösungsmöglichkeiten durchführbar sind und auch welche Konsequenzen sie hätten. Jede Medaille hat zwei Seiten. Es gibt auch immer etwas Negatives an jeder Lösungsmöglichkeit. Überlegen Sie vorher, ob Sie bereit sind, diesen Preis zu zahlen.

Wenn Sie und „sie“ sich einig sind, können Sie und „sie“ gestärkt als ein Team klar und deutlich mit dem Gegenüber kommunizieren. Ihre Botschaften sind eindeutig und dies vereinfacht eine Deeskalation.

1.2.5 Konstruktive Konfliktlösung

Ein Jäger und ein Bär treffen sich an einem Lagerfeuer, um einen Kompromiss zu schließen. Der Jäger möchte den Bärenpelz um seinen Körper und der Bär möchte sich satt essen. Nach einigen Diskussionen frisst der Bär den Jäger mit Haut und Haaren und verlässt das Lagerfeuer.

Konflikte gehören zum Leben dazu und machen es bunter und spannender. Trotzdem können Konflikte störend, bedrohlich und sogar schmerzvoll sein. Sie haben durch Ihre Haltung und durch Ihre Art, wie Sie den Konflikt austragen, gute Möglichkeiten, diesen positiv zu beeinflussen. Die grundsätzliche Bereitschaft, das Bedürfnis des Gegenüber erfahren zu wollen, auch wenn dieser schimpft, Ihnen auf die Nerven geht oder quer schießt, ist die Basis für konstruktive Kommunikation.

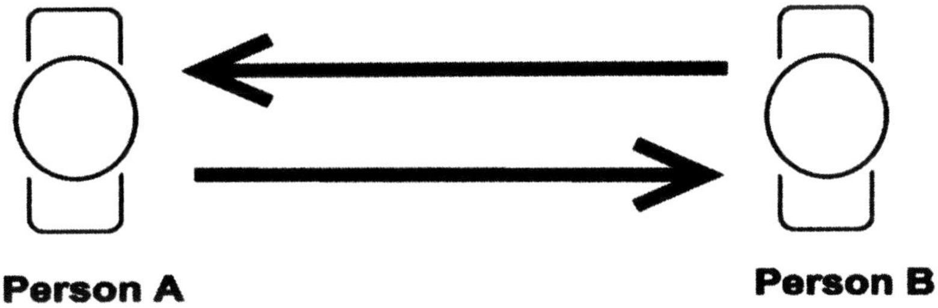

Anstatt sich als Front gegenüber zu stehen oder zu sitzen, sollten Sie gemeinsam auf das Problem (Herausforderung) schauen. Die Steh- oder Sitzposition kann dies positiv oder negativ beeinflussen (siehe Kapitel „Distanzen“ und „Büro“).

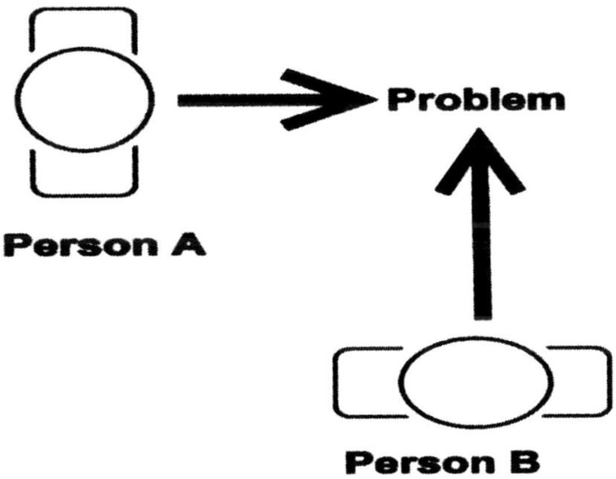

Beispiel:

Die beiden Brüder Anton (6 Jahre) und Berthold (5 Jahre) treffen sich in der Küche und sehen beide eine Orange auf dem Küchentisch. Beide möchten diese Orange haben (Standpunkt). Jetzt gibt es verschiedene Lösungsmöglichkeiten:

1. Anton ist größer, schneller und stärker. Deshalb nimmt er sich die ganze Orange.
   A 100 % - B 0 % (durchsetzen auf Kosten der anderen Seite)
2. Anton hat Angst, wieder Ärger mit seinen Eltern zu bekommen, weil er sich mit seinem Bruder streitet. Deshalb überlässt er seinem Bruder die Orange.
   A 0% - B 100 % (anpassen, vermeiden, unterordnen)
3. Berthold ist zuerst an der Orange und erkennt, dass er keine Chance gegen seinen Bruder hat. Deshalb wirft er sie auf den Boden und tritt drauf.
   A 0 % - B 0 % (blockieren, vermeiden, vernichten)
4. Die Mutter kommt herein und sagt wie jede Mutter: „Ihr müsst teilen!“
   A 50 % - B 50 % (Kompromiss finden)

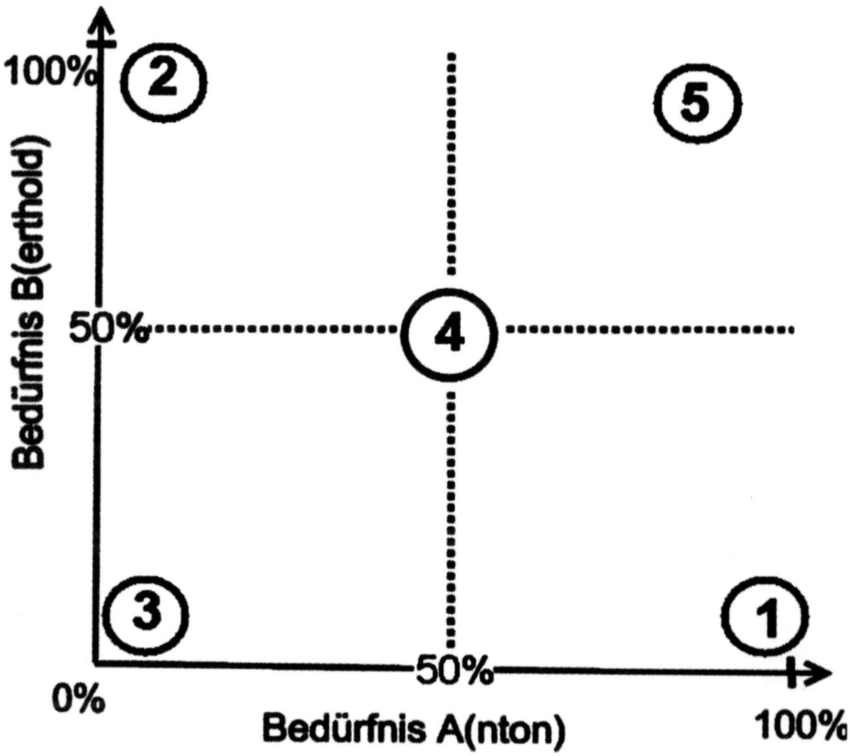

Doch gibt es auch Möglichkeiten, bei denen beide Seiten über 50 % kommen, also in das Quadrat „Fünf"? Gibt es vielleicht Lösungswege, bei denen beide nahe an 100 % kommen? Dazu müssten sich die Brüder zusammensetzen und über ihre Bedürfnisse reden (*ein bisschen viel für einen 5 und einen 6-jährigen*). Der Standpunkt ist bei beiden: „Ich möchte diese Orange!" Doch wenn die Brüder über ihre Bedürfnisse reden, kann es sein, das ganz andere Lösungen als 1. bis 4. herauskommen:

5. Anton möchte nur die Schale der Orange für ein Schulprojekt und Berthold möchte das Fruchtfleisch essen.
   A 100 % - B 100 %
6. Anton wollte seinen Durst löschen. Gemeinsam finden die beiden noch Saft für Anton. Berthold bekommt die Orange.
   A 100 % - B 100 %
7. Berthold wollte seinen Hunger auf etwas Süßes stillen. Sie bitten die Mutter um einen Schokoriegel für Berthold und Anton bekommt die Orange.
   A 100 % - B 100 %
8. Beide möchte etwas Saftiges, weil es so heiß ist. Sie pressen die Orange aus und geben noch Wasser und Zucker dazu. Gemeinsam trinken Sie diesen Saft.
   A 100 % - B 100 %
9. usw. usw. usw.

Sie kommen nicht immer auf insgesamt 200 %, wenn Sie gemeinsame Lösungswege suchen. Es würde ja schon ausreichen, wenn Sie 51 % und der andere 99 % bekommen würde. Sie stehen auf jeden Fall besser da als mit 50/50. Das schwierige dabei ist, Sie müssen es den anderen auch gönnen können. Unter gewissen Umständen ist es sogar möglich, dass beide Beteiligten jeweils über 100% gewinnen können. Wenn z.B. zusätzlich eine Stärkung des Zusammenhalts durch Lösung des Konflikts erreicht wird.
Unterscheiden Sie möglichst immer zwischen Ihrem Standpunkt (Position) und Ihrem Bedürfnis. Ihr Standpunkt hat sich aus Ihrem Bedürfnis entwickelt. Hinterfragen Sie immer, welches Bedürfnis Sie haben und Sie haben viel mehr Lösungsmöglichkeiten, als wenn Sie nur auf Ihrem Standpunkt beharren.

1.3 Techniken

„Es geht immer auch anders." (Thomas Mann)

Sie haben nun schon eine Menge Informationen erhalten und fragen sich dann:

„Was soll ich mit diesen Informationen und wo nützen Sie mir etwas?"

Folgend sind einige Tipps aufgeschrieben, egal ob Sie bei einem Konflikt eingreifen oder selbst betroffen sind.

Es gibt aber kein „Richtig" und „Falsch". Alles kann zu einem bestimmten Zeitpunkt richtig oder falsch sein. Das macht Deeskalation so schwierig und auch spannend. Die folgenden Ideen erhöhen aber sehr stark die Wahrscheinlichkeit einer Nicht-Eskalation und führen eher zu einem friedlichen Kompromiss.

1.3.1 Kommunikationsfehler

Schlimmer als schlimm ist oft gut gemeint: Nicht jeder Schmetterling freut sich über das Zudecken mit einem Stein, damit er nicht erfriert.

Wenn Sie keinen Kompromiss wünschen, sondern eine Eskalation, ist es am wichtigsten, dass Sie Ihr Gegenüber als Gegner und Feind sehen. Dies ist schon die richtige Einstellung, um die Kommunikation so fehlerhaft zu gestalten, damit es zu einer Eskalation kommt. Hier noch einige andere Tipps:

- Widersprechen Sie ihm
- Kritisieren Sie sein Äußeres, seine Grammatik und seinen Wortschatz
- Benutzen Sie Fachbegriffe und Fremdwörter, die Ihr Gegenüber nicht kennt (Wenn Sie selbst keine kennen, so erfinden Sie „wichtige" Fachbegriffe)
- Dringen Sie in seinen Raum ein, berühren Sie ihn
- Fangen Sie Sätze an mit: „Nie machst du ...", „Immer machst du..."
- Erzählen Sie unwahre Geschichten über ihn
- Seien Sie sarkastisch und zynisch ihm gegenüber
- Lachen Sie ihn aus
- Unterbrechen Sie ihn
- Beenden Sie Sätze für ihn
- Verbessern Sie ihn

- Missverstehen Sie ihn, auch akustisch
- Lachen Sie an den falschen Stellen
- Machen Sie auf Schönheitsfehler, kleine Mängel und Irrtümer aufmerksam
- Machen Sie Bemerkungen („Natürlich!“) und Geräusche („Ts,Ts“)
- Sprechen Sie ihn mit falschen Namen an
- Sagen Sie zu Männern „Fräulein“ und zu Frauen „Mein Herr“
- Ignorieren Sie ihn, lesen Sie z.B. dabei Hefte oder Bücher
- Seufzen, nörgeln und schreien Sie
- Zeigen Sie übertriebenes Mitleid für seine Situation
- Schneiden Sie missbilligende Grimassen
- Beharren Sie unbedingt auf Ihrem Standpunkt
- Machen Sie permanent bekannt, dass das Recht auf Ihrer Seite ist
- Suchen Sie nur Lösungen, die Ihre Interessen maximal befriedigen
- Stellen Sie den Gegner vor vollendete Tatsachen
- Reden Sie über ihn, als wäre er nicht da
- Fluchen Sie
- Murmeln Sie oder sprechen Sie so leise, dass er Sie nicht versteht
- Suchen Sie sich Verbündete, die Ihnen bedingungslos folgen
- Schauen Sie auf ihn herab
- Drohen Sie ihm Gewalt an
- Geben Sie viele Rat-schläge, egal ob sinnvoll oder nicht
- Erklären Sie dem Gegenüber die Welt und belehren Sie ihn dabei
- Akzeptieren Sie auf keinen Fall Vermittlungsversuche Dritter
- Ziehen Sie Erkundigungen über das Privatleben Ihres Gegners ein und nutzen Sie diese
- Verbreiten Sie Gerüchte (z.B. geplatzte Schecks oder sexuelle Eskapaden)
- Beleidigen Sie ihn, seinen Lieblingsverein, seine Herkunft und seine Familie

Gemeinsam mit dem Gegner unter zu gehen ist allemal besser, als Zugeständnisse zu machen, schließlich geht es ja um den Sieg der Wahrheit.

1.3.2 Deeskalierende Kommunikation

„Lass dir aus dem Wasser helfen oder du wirst ertrinken", sagte der freundliche Affe und setzte den Fisch sicher auf den Baum.

Um deeskalierend zu sein, sind für die sprachliche Kommunikation einige „Faustregeln" hilfreich:

- Tun Sie das Gegenteil von der Aufzählung im Kapitel „Kommunikationsfehler".
- Sehen Sie Ihr Gegenüber als freundlichen Menschen, der eine andere Meinung hat und nicht als Ihren Feind.
- Senden Sie Sachbotschaften: sachlich rückmelden, auch wenn der Sender Botschaften als Angriffe formuliert.
- Senden Sie Ich-Botschaften auf der Selbstoffenbarungsebene („Ich fühle mich durch ihre Körperhaltung bedroht", anstatt „man erkennt doch sofort, dass sie aggressiv sind".)
- Formulieren Sie Appelle klar und deutlich, um eine klare und ehrliche Beziehung zu Ihrem Gegenüber aufzubauen.
- Nehmen Sie den Gesprächspartner ernst; wiederholen Sie seine Äußerungen und nehmen Sie eine ähnliche Körperhaltung des Gegenübers ein (spiegeln). So erkennt dieser, dass Sie seinen Ausführungen folgen.
- Reden Sie in einer Sprache, die Ihr Gegenüber versteht. Benutzen Sie keine Fachbegriffe oder Redewendungen, die der andere vielleicht nicht erfassen kann.
- Hören Sie auf die Bedürfnisse des Gegenübers und seien Sie offen für neue Ideen.
- Versuchen Sie sich in die Lage Ihres Gegenübers zu begeben, um ihn besser zu verstehen.
- Lassen Sie andere Meinungen bestehen, auch wenn Sie diese nicht nachvollziehen können. Wenn Ihr Gegenüber eine andere „Landkarte" (siehe Kapitel „Filter") von der Welt hat, muss er trotzdem nicht Ihr Feind sein.
- Lesen Sie nicht die Gedanken des anderen und sagen sich dann: „Darauf geht der andere sowieso nicht ein!"
- Begründen Sie Ihre Behauptungen und kennen Sie im besten Fall die Quelle. Sagen Sie nicht: „Wie jeder weiß...", „Man sagt ja, dass ..." oder ähnliches.

- Hinterfragen Sie Informationen und sehen Sie nicht jede Information von anderen über Ihr Gegenüber als wahr an.
- Wenn Sie immer offen, fair und ehrlich sind, müssen Sie sich nicht all Ihre Lügen merken. Sie sind kongruent und wirken echt (authentisch). Damit kommt man unserer Meinung nach besser durch das Leben. *(Es sei denn, Sie möchten Karriere in der Politik, bei Versicherungsunternehmen oder beim Fernsehen machen.)*
- Achten Sie darauf, was Ihre Bedürfnisse sind und seien Sie kein „Prinzipienreiter" oder „Korinthenkacker". Lassen Sie Behauptungen auch mal stehen, von denen Sie wissen, dass Sie falsch sind. Sie müssen nicht jeden belehren.
- Geben Sie auch Fehler zu, wenn Sie welche machen. Gerade wenn Sie mit Kindern und Jugendlichen zu tun haben, ist dies eine wichtige Lektion, wenn ihr erwachsenes Vor-bild so etwas kann.
- Spielen Sie Argumente Ihres Gegenübers nicht herunter oder missverstehen Sie ihn nicht absichtlich, sondern gehen Sie auf die Argumente ein.
- Seien Sie immer fair zu Ihrem Gegenüber und machen Sie sich nicht über ihn lustig, egal ob er es bewusst merkt oder nicht. Vorsicht: Einige Menschen verstehen keine Ironie und werden dann wütend.
- Übernehmen Sie Verantwortung und fragen Sie sich immer nach einer Eskalationen: „Was tue ich in Zukunft anders und idealerweise besser, wenn diese Situation noch einmal kommt?" Geben Sie nicht nur der Umwelt oder Ihrem Gegenüber die Schuld. Ersticken Sie aber auch nicht an Selbstvorwürfen.

Stellen Sie Ihrem Gegenüber **offene Fragen** (Fragen, auf die man nicht nur mit „Ja" oder „Nein" antworten kann). Ehrliches Nachfragen ist eine der besten Methoden zur Deeskalation, denn:

- Sie treten in Beziehung mit dem Gegenüber.
- Sie zeigen Interesse am Gegenüber.
- Ihr Gegenüber wird zum Nachdenken animiert.
- Ihr Gegenüber bekommt die Gelegenheit, seine Bedürfnisse zu erklären.
- Durch Fragen lenken Sie das Gespräch (Wer fragt, der führt).
- Sie bekommen mehr Informationen, um an einer Lösung zu arbeiten.
- Solange Ihr Gegenüber spricht, wird er Sie mit hoher Wahrscheinlichkeit nicht schlagen.

1.3.3 Aktives Zuhören

Mitten in der Wüste treffen sich ein Cowboy und ein Indianer. Der Indianer hebt beide Hände hoch, anschließend zeigt er mit einem Finger auf den Cowboy, der hält ihm zwei Finger zu einem V gespreizt entgegen. Daraufhin bildet der Indianer mit seinen Händen ein Dreieck, und der Weiße macht eine schlängelnde Bewegung mit seiner Hand.
Am Abend trifft der Cowboy seine Freunde im Saloon und erzählt ihnen: „Ich habe heute eine brenzlige Situation in der Wüste gehabt, die hätte übel ausgehen können. Ein Indianer ist auf mich zugekommen und hat mir gedeutet: Halt, ich erschieße dich. Da hab ich mich natürlich nicht einschüchtern lassen und hab ihm geantwortet: Wenn du schießt, dann schieße ich zweimal zurück. Das hat gefruchtet, denn der Indianer hat gleich gekniffen und gezeigt: Na gut, dann geh ich zurück in mein Zelt. Ja, ja, hab ich nur gedeutet: Schleich dich, aber schnell."
Als der Indianer zu Hause in seinem Wigwam ankommt, erzählt er seinen Freunden: „Also, die Weißen werden auch immer komischer. Ich habe so einen Cowboy in der Wüste getroffen und habe ihn gefragt: Wie heißt du? Darauf hat er geantwortet: Ziege. Ich hab noch mal nachgefragt: Bergziege? Und er hat gemeint: Nein, Flussziege."

Eine gute Möglichkeit, die Bedürfnisse des Gegenübers zu erkennen, angemessen auf seine jeweiligen Botschaften zu reagieren und dadurch deeskalierend zu wirken, stellt das aktive Zuhören dar, welches erstmalig von dem amerikanischen Psychologen Carl Rogers im Zusammenhang mit der Gesprächspsychotherapie beschrieben wurde.

Aktives Zuhören bedeutet aktive Hinwendung zum Gesprächspartner und dadurch die Signalisierung von Interesse und Verständnis. Auf diese Weise wird dem Gegenüber erleichtert, sich mitzuteilen und Missverständnisse können weitgehend ausgeschlossen werden.

In Momenten einer drohenden Eskalation kann das aktive Zuhören darüber hinaus genutzt werden, um Zeit zu gewinnen und den potentiellen Angreifer dazu zu bringen, von seiner eigentlichen Absicht, dem Angriff, abzulassen.
Rogers nennt drei Grundsätze der Kommunikation:

1. **Empathie**
   Empathie bedeutet Einfühlungsvermögen. Indem ich mich in mein Gegenüber hineinversetze, fällt es mir leichter, seine Bedürfnisse zu erkennen und seine Gefühlsäußerungen zu verstehen.
2. **Authentizität/Kongruenz**
   Hiermit ist „Echtheit“ gemeint. Es ist völlig nutzlos, ja sogar schädlich, sich in einer Deeskalationssituation zu verstellen, etwa Entschlossenheit und Mut vorzutäuschen, wenn Angst das wirklich dominierende Gefühl ist.
3. **Akzeptanz/Wertschätzung**
   Auch wenn ich mit dem Verhalten meines Gegenübers nicht einverstanden bin, so akzeptiere ich ihn dennoch als Mensch und spreche ihm nicht seine „Vollwertigkeit“ ab.

Neben diesen drei Grundregeln liegt aktives Zuhören dann vor, wenn folgende Regeln beachtet werden:

- Lassen Sie den Partner ausreden.
- Ertragen Sie Gesprächspausen.
- Ermutigen Sie zum Weitersprechen.
- Fragen Sie nach (aber nicht ausfragen!).
- Melden Sie zurück, wie etwas verstanden wurde (decodieren).
- Wiederholen Sie wichtige Inhalte und fassen diese zusammen (paraphrasieren).
- Melden Sie Gefühle zurück (und auch auf eigene Gefühle achten).
- Motivieren Sie den Partner zu eigenen Problemlösungen (nicht belehren!).
- Zeigen Sie deutlich, dass Sie interessiert sind (Lehnen Sie sich nach vorn, halten Sie Blickkontakt, nicken Sie usw.).
- Legen Sie lästige Gewohnheiten ab (die Unterlippe beißen, Bleistift kauen, auf den Tisch klopfen, ständig auf die Uhr schauen, Finger schnippen).
- Achten Sie weniger auf Einzelheiten, sondern auf die Idee dahinter.

Bei Verinnerlichung und Anwendung des aktiven Zuhörens kann dieses als wirksames Mittel zur Deeskalation genutzt werden. Der Gesprächspartner fühlt sich wertschätzend behandelt. Er sieht sich keinem Gegner gegenüber, sondern einem Menschen, der ihm zuhört und seine Gefühle und Bedürfnisse ernst nimmt.

1.3.4 Gewaltfreie Kommunikation

„Wer den Feind umarmt, macht ihn bewegungsunfähig.“
(Nepalesisches Sprichwort)

Dr. Marshall B. Rosenberg (* 1934) gilt als Entwickler der **„Gewaltfreien Kommunikation (GFK)“.** Beeinflusst ist seine Arbeit u.a. von den Erkenntnissen seines Lehrers Carl Rogers (Klientenzentrierte Gesprächstherapie) und Überlegungen Gandhis zur Gewaltfreiheit. Er nennt vor allem drei Elemente der Verständigung, die kurz- oder langfristig zur Gewalt führen:

- Das Urteilen oder Verurteilen von Leuten, die sich nicht in Übereinstimmung mit unseren Werten verhalten, ebenso das Zuschreiben von Eigenschaften, wie die Menschen angeblich sind
- Das Leugnen der Verantwortung für eigene Gefühle und Handlungen
- Das Stellen von Forderungen

Das Grundgerüst in der GFK ist das vier Schritte-Modell. Es dient als Leitfaden, um die wichtigsten Elemente einer förderlichen Verständigung zu lernen, ohne jede Art der sprachlichen Manipulation, Bewertung oder Vorwurf, bei der die Gefühle und Bedürfnisse alle gehört werden und ausgedrückt werden dürfen.

1. Schritt: Teilen Sie zunächst Ihre Beobachtungen mit, ohne Auslegungen, Verallgemeinerungen oder Bewertungen.
2. Schritt: Legen Sie Ihre Gefühle ohne Vorwürfe offen da (nicht Ihre Gedanken).
3. Schritt: Erläuteren Sie Ihr Bedürfnis.
4. Schritt: Sprechen Sie eine Bitte möglichst konkret und jetzt durchführbar aus, aber nicht eine Forderung mit möglichen negativen Konsequenzen.

Als Grundvoraussetzung einer deeskalierenden Kommunikation sieht Rosenberg eine empathische Grundhaltung, welche durch folgende Grundsätze bestimmt ist:

- Menschen sind soziale Wesen und in vielerlei Hinsicht voneinander abhängig.
- Alle Menschen möchten ihre Bedürfnisse befriedigen.
- Menschen leben in guten Beziehungen, wenn diese Bedürfnisse durch Zusammenarbeit statt durch aggressives Verhalten erfüllt werden.

- Jeder Mensch hat bemerkenswerte Fähigkeiten, die erfahrbar werden, wenn man empathisch mit ihm in Kontakt tritt.
- Hinter jedem aggressiven Verhalten steckt ein Bedürfnis.
- Jedes Bedürfnis dient dem Leben – es gibt keine „negativen“ Bedürfnisse.

Unterscheidung von Wolfs- und Giraffensprache

Die Wolfs- und Giraffensprache sind von Rosenberg verwendete Symbole. Die Wolfssprache steht für die eskalierende Kommunikation und die Giraffensprache für die deeskalierende. Dabei gibt es in der Realität immer Überschneidungen, aber auch Tendenzen oder Entwicklungen in eine der beiden Richtungen.

Wolfssprache	Giraffensprache
Wölfe richten ihre Aufmerksamkeit eher auf Kategorien wie gut/ schlecht, richtig/ falsch oder was allgemein als Verhalten akzeptiert ist.	Giraffen richten ihre Aufmerksamkeit auf die eigenen und fremden Bedürfnisse und versuchen eine gemeinsame Lösung zu finden.
Benutzen eine Sprache, die klassifiziert, bewertet und diagnostiziert.	Benutzen eine Sprache, die ausdrückt, was im Herzen vorgeht
Benutzen häufig Verallgemeinerungen wie „Immer, nie, alle“	Führen spezifische Situationen als Beispiele an, konkret.
Benutzen viele moralische Urteile, was am anderen falsch ist (Du-Botschaften)	Sprechen in Werturteilen, was ihnen wichtig ist (Ich-Botschaften)
Halten ihre Urteile für allgemeinverbindlich, objektiv und unumstößlich	Erkennen die Subjektivität der eigenen Urteile/ Wahrnehmungen
Richten ihre Aufmerksamkeit vorwiegend auf Fehler	Richten ihre Aufmerksamkeit vorwiegend auf das, was gut ist
Halten ihre Urteile und Diagnose für Beschreibungen von Gefühlen.	Trennen die Beschreibung des Verhaltens von ihren Gefühlen
Hören selektiv zu	Hören empathisch zu

Wölfe benutzen ihre Gefühle, um andere Menschen durch Schuldgefühle zu manipulieren	Giraffen offenbaren Gefühle, um anderen Menschen Gelegenheit zu geben, sie zu verstehen
Wölfe verstecken ihre Gefühle und Bedürfnisse hinter Rechtfertigungen	Giraffen legen Gefühle und Bedürfnisse offen dar und teilen diese mit
Wölfe kennen zwei Worte, um Gefühle zu beschreiben: „gut“ / „schlecht“	Giraffen haben einen reichen Wortschatz, um auszudrücken, wie sie sich fühlen
Wölfe glauben, dass sie für die Gefühle der anderen verantwortlich sind	Giraffen glauben, dass jeder für seine Gefühle selbst verantwortlich ist
Übernehmen keine Verantwortung für das eigene Handeln	Übernehmen die Verantwortung für das eigene Handeln
Sagen meist, was sie nicht wollen	Sagen, was sie wollen
Sagen BITTE auf eine Art, die meist verhindert, dass ihre Bedürfnisse erfüllt werden	Sagen BITTE auf eine Art, die es erleichtert, dass ihre Bedürfnisse erfüllt werden
Hören die Bitten von anderen als Forderungen, Zwang und Verpflichtung	Hören auch Forderungen als Bitten
Denken, dass Verständnis für andere Menschen bedeutet, die eigenen Bedürfnisse aufzugeben	Haben mitfühlendes Verständnis für die Bedürfnisse anderer Menschen
Hören in allem, was gesagt wird, Urteile, Ablehnung und Kritik	Hören die Gefühle, Bedürfnisse und Bitten anderer Menschen
Stellen W-Fragen. Wollen einen Sachverhalt verstehen oder selbst das Gespräch beeinflussen	Reden wenig, hören zu, stellen Fragen, um besser die Gefühle/ Bedürfnisse zu verstehen
Wölfe sehen nur Wölfe	Giraffen sehen nur Giraffen

Wichtig bei der GFK sind die Unterscheidungen zwischen:

- Beobachtung & Wertung
  Versuchen Sie klare und objektive Beobachtungen mitzuteilen. Werten Sie dabei nicht. (Wörter wie „dreckig“, „unordentlich“, „dumm“ usw. sind bereits Wertungen.)
- Bitte & Forderung
  Wenn möglich stellen Sie eine Bitte und keine Forderung. Eine Forderung hat negative Konsequenzen, wenn sie nicht erfüllt wird.

1.3.5 Statuswippe

„Diskutiere nie mit Idioten! Erst ziehen sie dich auf ihr Niveau, dann schlagen sie dich mit ihrer Erfahrung.“

oder

„Streite dich nie mit einem Dummkopf; es könnte sein, dass die Zuschauer den Unterschied nicht bemerken.“ (Mark Twain)

Das Wort Status stammt aus dem Lateinischen und bedeutet „Zustand“, aber auch „Stand“, „Stellung“ oder „gesellschaftlicher Rang“. Im allgemeinen Sprachgebrauch ist oft der „soziale Status“ gemeint, d.h. die Stellung eines Menschen innerhalb einer Gruppe. In der zwischenmenschlichen Kommunikationen bedienen wir uns unterschiedlicher Kommunikationskanäle, welche jeweils einen anderen Status ausdrücken.

In der Theaterpädagogik spricht man deswegen von einer Statuswippe, da Kommunikation zwischen Menschen oft ein „Auf und Ab“ bedeutet, also „ich gehe hoch – also musst du runtergehen“. Der Status, den ein Mensch gerade einnimmt, lässt sich anhand mehrerer Faktoren bestimmen: Wortwahl, Tonhöhe, Lautstärke, Gestik, Mimik, Körpersprache...
Man unterscheidet zwischen:

1. Hochstatus
2. Tiefstatus
3. Gleichstatus

1. Hochstatus

Menschen im Hochstatus stellen sich über ihren Gesprächspartner. Dies ist nicht nur im übertragenen Sinne zu verstehen.

Die Körpersprache strahlt Überlegenheit aus. Ausladende Gesten, eine aufrechte Körperhaltung und ein Blick „von oben herab“ sind typisch für Menschen im Hochstatus.

Unterstrichen wird dieser Status durch eine große Lautstärke und eine entschlossene Mimik.

Ein Kommandos brüllender Offizier vor einer Gruppe Rekruten ist ein Musterbeispiel für einen Menschen im Hochstatus: „Alles hört auf mein Kommando!“

Auch ein Dirigent vor einem Orchester lässt sehr schön die Merkmale des Hochstatus erkennen.

Gerade anhand dieser Beispiele zeigt sich, dass der Hochstatus in manchen Bereichen nicht nur zufällig, sondern bewusst gewählt wird, um der Wichtigkeit und der Ernsthaftigkeit der eigenen Belange Geltung zu verleihen.

Auch ein Polizist während einer Personenkontrolle wird vermutlich den Hochstatus wählen, um dem Bürger gegenüber zu treten. „Bitte, bitte, es tut mir wirklich Leid, aber würden sie mir freundlicherweise ihren Führerschein zeigen?“ klänge vermutlich auch wirklich albern, wenn nicht gar provokant, da kaum jemand einem Polizeibeamten einen solch deutlichen Tiefstatus abkaufen würde. Als Vorgesetzter oder Leiter einer Gruppe ist es häufig sinnvoll, einen Hochstatus einzunehmen, wenn man ernst genommen und respektiert werden will.

2. Tiefstatus

ist das Gegenteil des Hochstatus. Der Mensch, welcher sich im Tiefstatus befindet, drückt Unterwürfigkeit aus. Er teilt seinem Kommunikationspartner nichtsprachlich mit: „Ich bin klein und schwach, du bist groß und stark.“

Auch der Tiefstatus zeichnet sich durch sämtliche Komponenten der nicht-sprachlichen Kommunikation aus: Die Sprache ist leise und unsicher, die Gestik spielt sich eher nahe der Nasenspitze ab, der Blick ist gesenkt, die Mimik eher schüchtern und ängstlich („scheues Reh“), die Körperhaltung eher gebückt.

Es ist allerdings grundlegend falsch, Menschen, die sich häufig im Tiefstatus befinden, grundsätzlich als Verlierer oder schwache Menschen abzutun. Das Gegenteil ist oft der Fall.

Die Eltern unter den Lesern werden hiervon möglicherweise ein (Kinder-) Lied singen können.

Wenn die kleine, dreijährige Tochter sich mit „Rehblick“ auf Papas oder Mamas Schoß kuschelt und mit piepsiger Stimme samt traurigem Gesichtsausdruck sagt „Papaaaaaaa (oder eben Mamaaaaaa), darf ich Schokolade haben? Ich hab dich sooo lieb...“, befindet sich das Kind ganz klar im Tiefstatus. Aber man wird die Schokolade vermutlich eher rausrücken, als wenn sich das Kind in den Hochstatus begäbe und mit bestimmter Stimme „Papa! Schokolade!“ fordern würde.
Ein anderes gutes Beispiel dafür, wie erfolgreich der Tiefstatus angewandt werden kann, ist das von der Bürokollegin, welche stets im besten Tiefstatus davon berichtete, wie schwer sie es doch habe und wie sehr sie die vielen zu bearbeitenden Fälle überforderten. Vielen Kollegen und Kolleginnen tat die „arme Frau“ so Leid, dass sie ihr aus lauter Mitleid einen großen Teil ihrer Arbeit abnahmen. Die „arme Tiefstatuslerin“ hatte letztendlich weit weniger Arbeit als alle anderen Kollegen, was ihrem Tiefstatus jedoch keinen Abbruch tat.
Auch gegenüber Vorgesetzten ist es oft sinnvoll, eher in den Tief- als in den Hochstatus zu gehen. Die wenigsten Chefs akzeptieren es, wenn ein Untergebener ohne Anklopfen ins Chefbüro platzt. Chefs selbst neigen manchmal zu genau solchem (typischen Hochstatus-) Verhalten, ohne deshalb mit negativen Konsequenzen rechnen zu müssen.

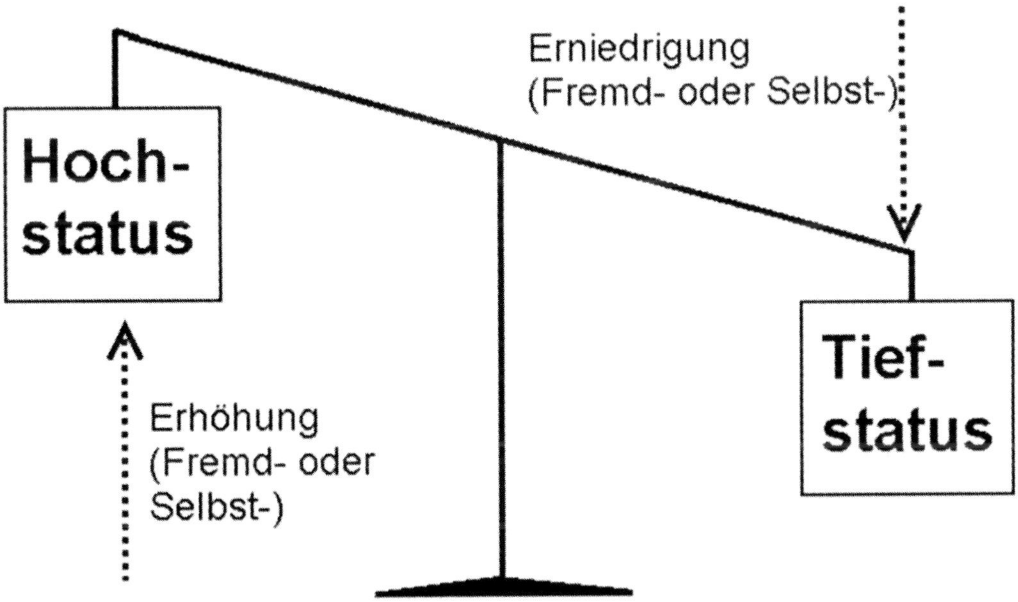

3. Gleichstatus
Im Gleichstatus befindet man sich „auf Augenhöhe“. Beide Gesprächspartner sind zu 100% gleichberechtigt. Keiner befindet sich im Hoch- oder im Tiefstatus.
Diese Konstellation findet sich außerordentlich selten. Selbst (oder gerade?) unter (Ehe-) Partnern wird sich meist einer im Hoch- und einer im Tiefstatus befinden. Zumal sich die verschiedenen Status (Plural lautet ebenfalls Status) ja auch bewusst einsetzen lassen.

Die Erläuterungen und Beispiele zu den einzelnen Bereichen zeigen, dass es sinnvoll ist, mit dem jeweiligen Status zu spielen und bewusst, je nach Situation, mal den Hoch- und mal den Tiefstatus einzunehmen.
Auch das Ziel „Deeskalation“ kann von der Einnahme eines bestimmten Status leben. Hier ist Feinfühligkeit und Ausprobieren gefragt. Manch ein aufgebrachter oder gar aggressiver Mensch lässt sich durch bewussten Einsatz des Hochstatus in die Schranken weisen. Bei anderen Kommunikationspartnern bewirkt möglicherweise das Gegenteil die Deeskalation.
„Warum soll ich noch weiter ausrasten, er ist ja schon unten“, wäre eine mögliche Reaktion auf ein Gegenüber im Tiefstatus.
Es gibt keine Patentlösung, wann der Hoch- und wann der Tiefstatus sinnvoll ist. Fakt ist aber, dass wir uns in der täglichen Kommunikation, oft unbewusst, dieser Kanäle bedienen. Durch ein Bewusstmachen und einen gezielten Einsatz lassen sie sich gewinnbringend einsetzen.

2 Deeskalation

„Warte nie, bis du Zeit hast. Denn dann könnte es zu spät sein."
(Chinesische Weisheit)

Deeskalation ist das Gegenteil von Eskalation. Es bedeutet den stufenweisen Abbau von Gewalt, das Verhindern von schädigenden Konflikten und sich aufschaukelnden Prozessen. Der Deeskalation dienen nicht-aggressive Wortwahl und Verhaltensweisen. Auch negativ besetzte Begriffe sollten vermieden werden. Wir unterscheiden hier die Eigendeeskalation, wenn Sie für sich deeskalieren und die Fremddeeskalation, wenn die Situation zwischen anderen Personen eskaliert und Sie eingreifen.

Durch frühzeitiges und entschlossenes Eingreifen bei sich anbahnenden Konflikten kann in vielen Fällen eine gewalttätige Eskalation vermieden werden. Es ist notwendig (und Not-wendend), bereits bei ersten Gewaltausbrüchen deeskalierend einzugreifen.

2.1 Grundvoraussetzungen

„Derjenige, der zum ersten Mal anstelle eines Speers ein Schimpfwort benutzte, war der Begründer der Zivilisation." (Sigmund Freud)

Es gibt einige Ideen, Strategien und Vorschläge zu einer „richtigen" Deeskalation. Wie bereits erwähnt, gibt es aber keine Universallösung. Einer der wichtigsten Standpfeiler der Deeskalation ist die Einstellung oder auch Geistes-Haltung.

2.1.1 Geistes-Haltung

Eines Tages betrat ein Hund einen Spiegelsaal. Als er die tausend Hunde sah, bekam er Angst, sträubte das Nackenfell, knurrte furchtbar und fletschte die Zähne. Und tausend Hunde sträubten das Nackenfell, knurrten furchtbar und fletschten die Zähne. Voller Panik rannte der Hund aus dem Saal und glaubte von nun an, dass die Welt aus lauter knurrenden, gefährlichen und bedrohlichen Hunden bestehe.
Einige Zeit später kam ein anderer Hund in den Saal. Auch er sah die tausend Hunde. Freudig wedelte er mit dem Schwanz, sprang fröhlich herum und forderte die Hunde zum Spielen auf. Er verließ den Saal mit der Überzeugung, dass die ganze Welt aus netten, freundlichen Hunden bestehe, mit denen sich wunderbar spielen ließe.

2002 in Erfurt: „Robert!" – Mit diesem Namen soll Lehrer Rainer Heise den Amokläufer Robert nach dessen 16. Mord aufgehalten haben. Die dann folgende Frage. „Was denkst Du Dir eigentlich dabei?" wirkte buchstäblich entwaffnet und der Schüler war zu einem Gespräch bereit. Der Geschichts- und Kunstlehrer öffnete die Tür zum Raum 110, lässt Robert vorgehen, stößt ihn hinein und schließt die Tür. Für ein Gespräch war es zu spät. Dann folgt Roberts siebzehnter und letzter Mord, er erschießt sich selbst.

Die Geistes-haltung ist schon die erste Möglichkeit einer Deeskalation. Die positive Wertschätzung des Gegenübers ist wichtig, um mit dieser Person arbeiten zu können. Diverse Ansätze der Sozialen Arbeit sehen die Wertschätzung, die Empathie (einfühlendes Verstehen), den guten Kontakt, den Rapport, das positive Bankkonto usw. als wichtigsten Standpfeiler einer gemeinsamen Arbeit.

In der Hypnosetherapie und im Neurolinguistischen Programmieren (NLP) spricht der Therapeut vom **guten Kontakt (Rapport)**. Diesen stellt der Therapeut zuerst her, bevor er mit seinem Patienten arbeitet („Rapport vor Intervention"). Den guten Kontakt können Sie überprüfen, indem Sie schauen, ob Sie und Ihr Gegenüber eine ähnliche Körperhaltung eingenommen haben (Pacing - zu deutsch „im gleichen Schritt gehen"). Menschen mögen Ähnlichkeiten und ähnliches Verhalten: „Gleich und Gleich gesellt sich gern." Wenn sich Menschen in ihrem Verhalten (Körperhaltung, Atmung, Gesichtsausdruck usw.) „spiegeln", befinden sich diese höchst wahrscheinlich auf gleicher „Wellenlänge". Laut verschiedener Wissenschaftler sind wir Menschen dank der Spiegelneuronen in unserem Gehirn dazu in der Lage mit anderen „mitzuschwingen" und mitzufühlen, z.B. Mit-leid zu empfinden.

Viele Therapieformen sprechen von „**positiver Wertschätzung**" der Person und vom „einfühlenden Verstehen" (Empathie). Neben Echtheit (Authenzität) gehören diese Faktoren zu den Grundpfeilern der Klientenzentrierten Gesprächstherapie nach Carl Rogers (1902 – 1987). Die amerikanische Autorin Byron Katie (*1942) und der Transaktionsanalytiker Thomas A. Harris nannten ihre Bücher nach der Grundhaltung, die sie für unumgänglich halten, wenn Sie sich und die anderen verstehen und gegebenenfalls Einstellungen verändern möchten: „Lieben, was ist" (Katie) und „Ich bin o.k. – Du bist o.k." (Harris).

Der „**Pferdeflüsterer**" Monty Roberts (*1935) nennt als die wichtigste Einstellung gegenüber Pferden und Menschen, um mit ihnen arbeiten zu können: „Niemand von uns wird mit dem Recht geboren, zu einem Mitmenschen oder Tier zu sagen: Du machst, was ich dir sage, oder ich werde dir wehtun." In dem Buch „**Whale Done!**" übertragen u.a. der Autor Prof. Ken Blancherd und der Sea-World-Tiertrainingsleiter Chuck Tompkins die Erfahrungen mit Orca-Walen auf Menschen. Sie können einen 6-Tonnen-Killerwal nicht bestrafen und dann zu ihm ins Becken springen. Es ist wichtig, Vertrauen aufzubauen, das Positive hervorzuheben und bei Fehlverhalten die Energie umzuleiten.

Um den anderen besser zu verstehen, sollten Sie sich auch in seine Lage versetzen können und sich folgende Fragen stellen:
Wer ist mein Gegenüber? Welche Ziele, Interessen und Erwartungen hat er? Welche Interessen stehen hinter seiner Position? Warum verhält er sich gerade so? Wie möchte er behandelt werden? Wie möchte ich von ihm behandelt werden und wofür? Wie gut ist mein Verhältnis zum Gegenüber? Wie können wir beide zufrieden aus dieser Situation heraus gehen?

Unserer Meinung nach kann man nicht jeden Menschen mögen. Es fällt schon leichter, wenn es uns möglich ist, das Verhalten des Gegenübers und die Person zu trennen. In der Arbeit mit gewalttätigen Menschen ist es notwendig, die Person und seine unangemessene Verhaltensweise zu trennen. „Ich mag Sie als Mensch, aber Ihre Gewalttätigkeit lehne ich ab.“ Natürlich sollten Sie erst auf das „Emotionale Bankkonto“ Ihres Gegenübers einzahlen, bevor Sie die Zinsen abholen. Wenn Sie Ihr Gegenüber nicht ausstehen können, so hilft es vielleicht in dieser Person Ihren Trainer zu sehen, um sich selbst weiter zu entwickeln und zu lernen mit solchen Situationen umzugehen. Dann können Sie die Situation als eine Herausforderung und nicht als ein Problem sehen. Dies erhöht die Wahrscheinlichkeit, dass Sie die Situation besser händeln.

Begegnen Sie anderen Menschen **ohne Vor-urteil**. Die Gesprächspartner merken, ob Sie sie für dumm oder intelligent halten. Die Haltung zum Gegenüber ist entscheidend dafür wie sich ein Gespräch entwickelt (siehe Experimente von Rosenthal im Kapitel „Filter und Bedürfnisse“). Die Lebenswelt und die Gründe für das Verhalten des Gegenübers müssen nicht vollkommen nachvollziehbar für Sie sein, um mit ihm vernünftig zu kommunizieren. Es gibt Millionen von Menschen, die auch einige Handlungsweisen von Ihnen nicht nachvollziehen können.

Sehen Sie das **Positive**. Filtern Sie bewusst die sieben positiven Informationen aus den zwei Millionen heraus (siehe Kapitel „Filter“) und nicht die sieben negativen. Seien Sie ressourcenorientiert und schauen Sie auf die Fähigkeiten Ihres Gegenübers und nicht auf seine Unzulänglichkeiten. Lassen Sie einfach mal Ihre Defizitorientierung zuhause.

Lernen sie **fair zu streiten und Fehler zuzugeben**. Seien Sie ein konfliktfähiges Vor-bild, besonders für Kinder und Jugendliche. Menschen lernen durch Modelle. Aus unserer Biographie heraus können wir sagen, dass Wissensvermittler, die alles „besser wissen“ und keine Fehler zugeben kein erstrebenswertes Vorbild sind.

Seien Sie **echt (authentisch)** und sagen Sie die Wahrheit. Nicht alles, was wahr ist, sollten Sie sagen, aber alles, was Sie sagen, sollte wahr sein. Wir haben auch gute Erfahrungen gemacht, wenn wir dem Gegenüber „unangenehme“ Wahrheiten offen ins Gesicht gesagt haben, z.B. „Sie sollten besser mal wieder duschen!“, „Wie Du aussiehst, würde ich Dich auf der Straße auch für einen Junkie halten!“ oder „Das glaube ich Ihnen nicht!“.

Eine positive Einstellung zu Menschen und ein guter Kontakt sind die besten Sicherungen zur Verhinderung einer Eskalation.

Übrigens sind zum Stirnrunzeln und für ein ernstes Gesicht über vierzig Muskeln erforderlich, zum Lächeln dagegen nur siebzehn, d.h. Lächeln ist weniger anstrengend und verbraucht weniger Energie. Nach wissenschaftlichen Untersuchungen in Nordamerika ist Unversöhnlichkeit in sozialen Beziehungen eine Hauptursache von Herzinfarkten. Eine solche Haltung erzeugt das Gefühl einer ständigen Bedrohung und erhöht dauerhaft den Adrenalinspiegel. Unter Stress verbrauchen Sie achtmal mehr Energie. Dies ist die Lehre, die Jesus und Jedi-Meister ihren Schülern vermitteln:

Liebe und Vergebung haben mehr „Macht“ als Hass und Neid!

2.1.2 Selbst-bewusst-sein

Frösche sehen das Leben aus der Froschperspektive, von unten, und sie quaken viel, während die Adler den Luftraum beherrschen, von ihrer majestätischen Höhe hinab den Überblick haben und volle Verantwortung für ihr Leben übernehmen. Frösche betrachten sich als Opfer, die anderen sind schuld an ihrem Leiden, ständig beklagen sie ihr Los, darum quaken sie so viel. Adler hingegen quaken nicht, sie handeln.

Sich selbst bewusst zu sein bedeutet, dass Sie Ihre Fähigkeiten, aber auch Ihre Macken kennen. Sie kennen sich und Ihre Gefühle. Auch ungute Gefühle nehmen Sie schnell wahr und handeln dementsprechend.

Durch ein gutes Selbst-bewusst-sein entwickelt sich das Selbst-wert-gefühl. Wie viel sind Sie sich wert? Ein positives Selbst-wert-gefühl kann sich durch Erfolge in der Familie, im Beruf oder bei Freunden entwickeln.

Das Minder-wertigkeits-gefühl entwickelt sich, wenn Sie sich weniger wert fühlen als andere Menschen. Geltungssucht, Arroganz, schnelles beleidigt fühlen und wütend werden sind oft die Folgen vom Minder-wertigkeits-gefühl. Dies hindert Sie eine gute Kommunikation zu führen bzw. effektiv zu deeskalieren.

Unser Ego veranlasst uns oft, uns dumm, verantwortungslos und leichtsinnig zu verhalten. Wir möchten vor anderen oder vor uns selbst ein bestimmtes Bild aufrecht erhalten. Sich zu entschuldigen, die Straßenseite zu wechseln oder zu fliehen fällt dann manchmal sehr schwer.

Treten Sie echt und kongruent (siehe Kapitel „Kommunikationstheorien") auf. Lernen Sie Ihre Schwachpunkte kennen. Wie kann man Sie beleidigen und wann werden Sie wütend? Überlegen Sie einfach mal, ob in der Beleidigung nicht ein „Fünkchen" Wahrheit steckt. Es wäre doch angenehm, wenn Sie jemand als „Lügner" bezeichnet und Sie locker sagen können: „Ja, das stimmt und ich kann Ihnen noch fünf weitere Beispiele nennen, wo ich gelogen habe!"

Sie sollten Sachen nicht persönlich nehmen, besonders nicht auf der Arbeit. Dann sind Sie nicht so wütend und es fällt Ihnen leichter die Energie von der persönlichen auf die sachliche Ebene zu bringen.

Seien Sie sich selbst bewusst und seien Sie sich etwas wert. Lernen Sie Ihre Fähigkeiten, aber auch Ihre (zur Zeit) Nicht-fähigkeiten kennen. Entdecken Sie Ihre wunden Punkte. Diese äußern sich meist in Gefühlen bei brisanten Situationen. Gefühle sind Botschaften Ihres Unterbewusstseins und diese sollte Sie nicht unterdrücken, sondern (für) wahr-nehmen, verstehen und daran arbeiten.

2.1.3 Gewaltprädiktoren

„Jetzt bin ich wirklich neugierig, wer stärker ist, ich oder ich.“
(Johann Nestroy)

Es gibt Vorwarnzeichen (Gewaltprädiktoren), die zeigen, dass Sie oder Ihr Gegenüber aggressiv werden bzw. unter Stress stehen. Einige sind gut zu erkennen (Schreien), andere fast gar nicht (Stromleitfähigkeit der Haut):

- Anstieg des Blutdrucks / Gesteigerte Durchblutung (Roter Kopf / Adern treten hervor / Hautrötungen und Jucken)
- Atembeschleunigung (Bronchialdilatation)
- Weiten der Pupillen
- Schwitzen / Kalter Angstschweiß
- Gähnen
- Trockener Mund
- Augenzucken
- Zähne klappern
- Weiche Knie oder Zittern der Knie
- Angststarre
- Kalte Extremitäten, Zunahme der Koagulolabilität
- Erhöhte Energievorhaltung (via Cortisol)
- Erhöhter Muskeltonus, Reflexsteigerung
- Kurzfristig verbesserte Immunität und Schmerztoleranz
- Zusammengezogene Augenbrauen (Wutfalte)
- Angespannte Lider
- Leicht hervortretende Augenbrauen
- Lippen zum Schrei geöffnet oder zusammengepresst
- Geweitete Nasenflügel
- Nervöses Hin- und Herlaufen
- Eine Zigarette nach der anderen rauchen (Kette rauchen)
- Die elektrische Leitfähigkeit und die Temperatur der Haut steigt an
- Die Stimmlippen im Kehlkopf verkürzen sich bei Stress. Die Stimme wird oft höher und lauter und es wird schneller gesprochen.

2.1.4 Ihr Bauchgefühl

„Wie es den Wald hineinruft, so schallt es hinaus."
(Deutsche Echo-Weisheit)

Ihr Bauchgefühl oder auch **Intuition** (lat. Intueri: betrachten, erwägen) ist die Fähigkeit, Einsichten in Sachverhalte, Sichtweisen, Gesetzmäßigkeiten oder die subjektive Stimmigkeit von Entscheidungen durch sich spontan einstellende Eingebungen zu erlangen. Unsere Intuition ist es, die unbewusst Reize (meist nichtsprachliche) aufnimmt und dem Bewusstsein signalisiert, dass die Tonalität und die Körpersignale des Gesprächspartners nicht der sprachlichen Botschaft entsprechen, sondern im starken Widerspruch dazu stehen. Die Signale sind inkongruent (nicht deckungsgleich). Sehr oft bei Versicherungsvertretern zu beobachten, die lernen, welche Körpersprache wichtig ist. Aber irgendwie verraten sie sich trotzdem. Meist nehmen wir dies aber nicht bewusst wahr. Die Wahrscheinlichkeit einer Verlässlichkeit dieser unbewusst aufgenommenen Informationen ist im Vergleich zum sprachlichen Informationsgehalt ungefähr fünfmal höher. Frauen sind im Allgemeinen scharf-sichtiger und sind mit ihrer emotionalen Seite besser verbunden. Deshalb wird oft von „weiblicher Intuition" gesprochen.

Die **Emotionale Intelligenz** (EQ) geht noch weiter: Sie können nicht nur Ihre eigenen Gefühle wahr-nehmen und deuten, sondern auch die Ihres Gegenübers. Selbstbewusstsein, Selbstmotivation, Selbststeuerung, Soziale Kompetenz und Empathie sind die fünf Teilkonstrukte der Emotionalen Intelligenz. Nicht das bloße Vorhandensein von Gefühlen, Stimmungen und Affekten, sondern der bewusste Umgang mit ihnen macht eine hohe emotionale Intelligenz aus. Darüber hinaus zählen hierzu Eigenschaften wie Vertrauenswürdigkeit und Innovationsfreude oder die Motivationsfähigkeit und das Vermögen, Gefühle und Bedürfnisse anderer wahrzunehmen. Dabei werden Befähigungen wie Teamführung, Selbstvertrauen, die Fähigkeit, sich selbst und andere aufzubauen sowie politisches Bewusstsein betrachtet. Auch die so genannte Menschenkenntnis als Teilaspekt der Emotionalen Intelligenz ist oft unterbewusst. Andere Menschen einzuschätzen erfordert oft eine gewisse Lebens- und Berufserfahrung. Durch gezielte Beobachtung und Überprüfung (z.B. durch Nachfragen) lässt sich auch Ihre Menschenkenntnis trainieren.

Hören Sie, gerade in Stresssituationen, auf Ihr Bauchgefühl. Ihre Intuition ist ein gutes Frühwarnsystem, welches Ihnen meist rechtzeitig signalisiert, wenn eine Situation zu eskalieren droht. Vertrauen Sie lieber diesem Gefahrenmeldersystem als der inneren Stimme Ihrer Erziehung, die sagt: „So etwas tut man nicht …!“ Wie bereits geschrieben, verarbeiten Sie von den 2.000.000 Informationen pro Sekunde ca. sieben bewusst und Ihr Unterbewusstsein verarbeitet 35 und mehr. Ihr Unterbewusstsein hat einfach mehr Informationen als Sie und kann deshalb die Lage besser überblicken. (PS: Trotzdem kann es sich mal irren!)

2.2 *Stress*

> *Ein Affe hatte beide Hände voller Erbsen. Da fiel ihm eine kleine Erbse herunter. Er beugte sich nieder, um sie aufzuheben. Dabei ließ er zwanzig Erbsen zu Boden fallen. Da versuchte er, die zwanzig Erbsen aufzuheben. Als er sie greifen wollte, entglitten ihm alle Erbsen. Da wurde der Affe so wütend, dass er die Erbsen in alle Richtungen warf und davonrannte.*

Physiologisch betrachtet ist Stress eine biochemische Reaktion unseres Körpers auf außergewöhnliche Situationen. Neben dem negativ empfundenen **„Distress“** gibt es auch den so genannten **„Eustress“**. Eustress empfinden wir dann, wenn wir in einer befriedigenden Tätigkeit ganz gar aufgehen oder wenn wir uns stark auf etwas freuen und aufgeregt sind. Dann fliegt die Zeit dahin und so viel wir auch tun, wir fühlen uns zufrieden. Der Glücksforscher Mihaly Csikszentmihalyi bezeichnet diesen Zustand als „Flow“. Von der Natur vorgesehen sind kurzzeitige Stressbelastungen (siehe Kapitel „U(h)rzeitmodell“), jedoch nicht der permanente Dauerstress in unserer heutigen Gesellschaft. Wenn wir zu oft im Stress sind, kann es zu körperlichen und seelischen Problemen kommen:

- „Burnout“
- Verspannungen und Rückenschmerzen
- Kopfschmerzen und Migräne
- Brechreiz, Sodbrennen, Magenbeschwerden bis hin zum Magengeschwür
- Ohrensausen, fiependes Geräusch (Tinnitus), Gehörsturz

- Herz/Kreislauf-Erkrankungen
- Durchfall oder Verstopfung, häufige Blähungen, häufiger Harndrang
- Allergien, Hautausschlag
- Ausbruch von Lippenherpes
- Verlust von kognitiven Leistungen (Cortisol wirkt neurotoxisch)
- Hypertonie, Arteriosklerose, Herzinfarkt, Schlaganfall
- Kraniomandibuläre Dysfunktion
- Myogelosen, Fibromyalgie
- Gastritis, Ulcus, Colon irritabile
- Blutzucker-Anstieg, Hypercholesterinämie, Gewichtszunahme, Diabetes (= unverbrauchte Energie)
- Suppression von NaturalKillerZellen, TH-Zellen mit vermehrten Autoimmunerkrankungen, gehäuften Infekten, Tumorprogression
- Libidominderung, Erektionsprobleme, Infertilität und Sterilität
- Depressionen

Sie müssen bei dieser Liste nicht jede Auswirkung kennen, um zu erkennen, dass Stress für viele Krankheiten verantwortlich oder wenigstens förderlich ist. Aber welche Ereignisse führen eigentlich zu Stress?

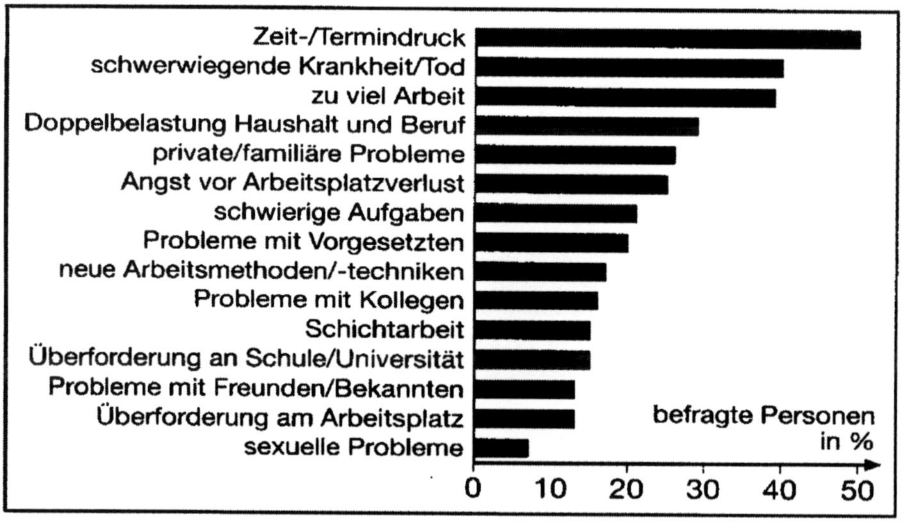

2.2.1 Stressbiologie

„Eine der Wirkung der Furcht ist es, die Sinne zu verwirren und zu machen, dass uns die Dinge anders erscheinen, als sie sind.“ (Cervantes, Don Quijote)

Als **Gehirn** (Hirn, lat. cerebrum) bezeichnet man den im Kopf gelegenen Teil des Zentralnervensystems der Wirbeltiere. Es liegt geschützt in der Schädelhöhle und wird umhüllt von der Hirnhaut. Unser menschliches Gehirn wiegt ca. 1,4 kg. Dies entspricht dem Gewicht eines Zwergkaninchens. Bei der Geburt wiegt es rund 400 g und es wächst bis zum 13. Lebensjahr. Ab dem 30. Lebensjahr schrumpft es. Das menschliche Gehirn kann als ein Zusammenschluss dreier Gehirne gesehen werden: Den Kern oder Stamm bildet das so genannte Reptiliengehirn. Darauf sitzt das Säugetiergehirn, welches zusammen mit dem erstgenannten vom Primatengehirn und den Stirnlappen des Neocortex umschlossen wird.

Das emotionslose **Reptiliengehirn** entspricht dem der Schlangen und anderer Reptilien; es reguliert die primitiven Funktionen unseres Körpers, wie Selbstverteidigungs- und Fluchtmechanismen. Seine „Philosophie“ ist 100% Wettbewerb.

Das **Säugetiergehirn** (Limbisches System) bildet die Basis für Emotionen, soziales Verhalten und die Sorge um den Nachwuchs. Da die Anlagen des Reptiliengehirns aber auch hier vorhanden sind, bewegt sich die Motivation des Säugetiergehirns ständig zwischen Wettbewerb und Kooperation.

Wie der Name vermuten lässt, gleicht unser **Primatengehirn** dem der Primaten, z.B. der Schimpansen. Allerdings verfügen wir außerdem über die bereits erwähnten Stirnlappen, die uns erlauben, komplexe Dinge wie Sprache, Musik, verfeinerte motorische Fähigkeiten, Voraussicht und abstrakte Ideen zu entwickeln. Die Stirnlappen denken 100% kooperativ.

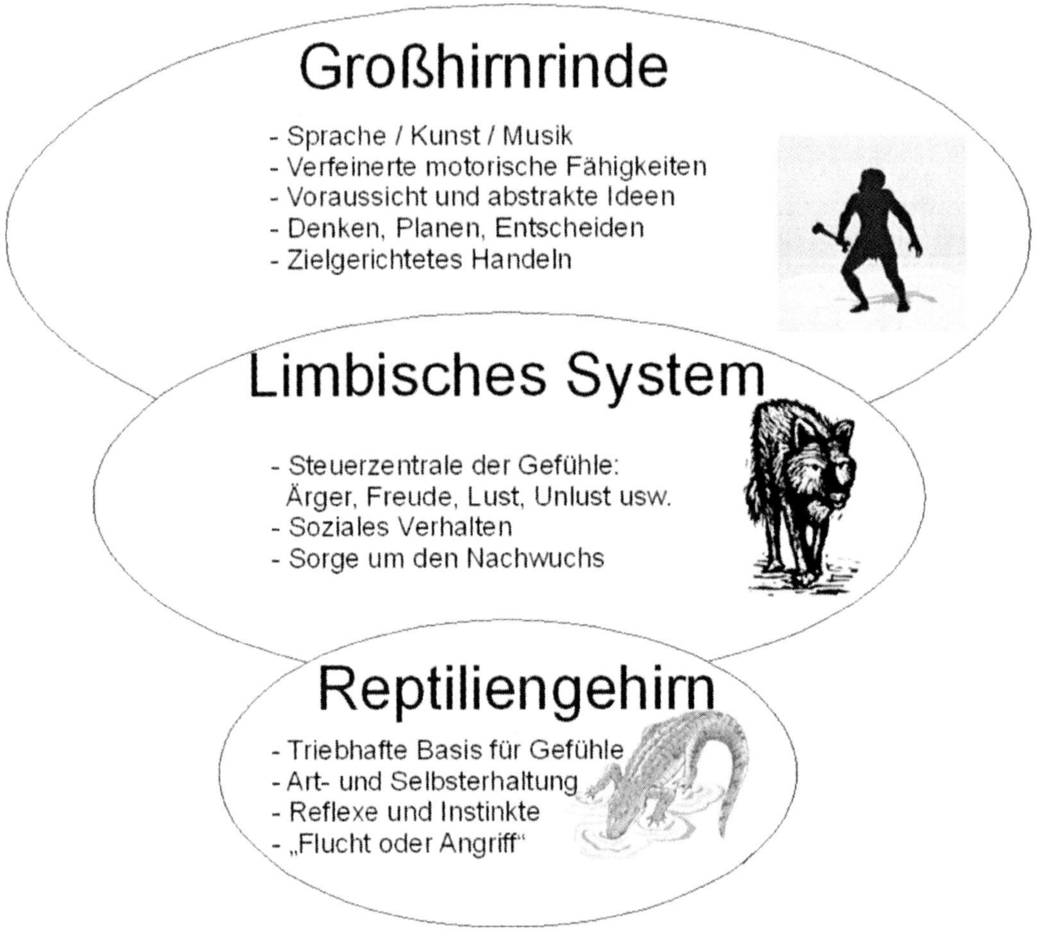

In der **Amygdala** (zwei kleine mandelförmige Gebiete in der Gehirnregion) bündeln sich Nervenbahnen, die „merken", wann wir uns gereizt fühlen. Wenn wir die Funktion der Amygdala betrachten, sehen wir, dass es sich hier regelrecht um einen Schalter handelt, der entweder die reptilische „Flucht oder Kampf"-Reaktion hervorruft oder die Frontallappen aktiviert und somit Spaß, Freude und intuitive Intelligenz - je nachdem, welche Seite stimuliert wird. Eine rückwärtige Stimulation der Amygdala aktiviert das Reptiliengehirn und verursacht Unwohlsein, Paranoia, Angst, Wut und emotionalen Schmerz. Die Stimulation ihrer Vorderseite aktiviert die Stirnlappen und erzeugt Harmonie, Einheit und Transzendenz.

Fight-or-flight ist ein von dem amerikanischen Physiologen Walter Cannon (1915) geprägter Begriff (englisch: Kampf oder Flucht / *Raufen oder Laufen*). Diese Reaktion beschreibt die rasche körperliche und seelische Anpassung von Lebewesen in Gefahrensituationen als Stressreaktion.

1936 hatte der Mediziner Hans Selye den Begriff „**Stress**" aus der Physik entlehnt, um die „unspezifische Reaktion des Körpers auf jegliche Anforderung" zu benennen. Stress heißt in der Werkstoffkunde der Zug oder Druck auf ein Material. Der Ausgangspunkt von Hans Selye war die Auseinandersetzung eines Tieres mit einer akuten Gefahrsituation, zum Beispiel der Begegnung mit einem Feind (Fressfeind oder einem innerartlichen Aggressor) oder einer körperlichen Gefahr (z.B. Waldbrand). Das Tier muss dann in erhöhter Handlungsbereitschaft sein, was sowohl die Bereitschaft seiner Muskulatur und des Kreislaufs betrifft als auch seine zentralnervöse Aufmerksamkeit und Entscheidungsbereitschaft. Deshalb wird durch die Ausschüttung der Nebennierenhormone Adrenalin und Noradrenalin eine Wirkungskette ausgelöst, die letztlich den Blutdruck und den Blutzucker sowie den Spannungszustand der Muskulatur (Muskeltonus) erhöhen. Adrenalin schafft die Voraussetzungen für die rasche Bereitstellung von Energie-Reserven, die in gefährlichen Situationen das Überleben sichern sollen. Das Hormon Testosteron steigert dazu Aggression und Ausdauer und Endorphine hemmen das Schmerzempfinden.

Im Gehirn wird die relativ langsame Verarbeitung des Großhirns in seinem Einfluss zurückgedrängt und schematische Entscheidungsmuster des Stammhirns werden mit Vorrang ausgestattet. Dies geschieht durch veränderte Ausschüttungsmuster von dämpfendem Serotonin und anregendem Noradrenalin in den betreffenden Gehirnteilen. Das Tier kann dann rascher, wenn auch mit größerer Fehlerquote, reagieren. Die meist richtigere Einschätzung der Situation durch das Großhirn käme in der Gefahr oft lebensgefährlich langsam zustande.
Aus dem gleichen Grund muss die anfängliche Feststellung einer Gefahrensituation nicht bevorzugt über das Großhirn, sondern über schematisierte Auslösemuster erfolgen, auf die alte Stammhirn-Mechanismen reagieren: plötzlicher Schall oder plötzlicher Wechsel der Helligkeit, schrille Laute (Todesschreie) usw..

Die körperliche Stressreaktion macht es uns möglich, auf eine gefährliche Situation besser zu reagieren. Das passiert ganz automatisch, ohne dass wir darüber nachdenken müssen. Und das ist auch gut so. Stellen Sie sich einmal vor, Sie würden jedes mal, wenn Sie mit Ihrem Auto bremsen müssen, erst überlegen, ob Sie das auch wirklich tun sollen. Nein, Sie reagieren in einem solchen Fall automatisch und damit vor allem auch schnell. Unser Reptiliengehirn hat die Aufgabe, unser Überleben zu sichern. Das, was wir als Stress wahrnehmen, ist Teil dieser Überlebensmechanismen. Das Problem ist nur, dass dieser Gehirnteil nicht in der Lage ist, zwischen wirklich gefährlichen und harmlosen Situationen zu unterscheiden. Das Reptiliengehirn lernt nicht und deshalb geraten Sie auch in Situationen in Stress, die Sie von Ihrem Bewusstsein her als „ungefährlich" einordnen können.

Zusammengefasst pumpt der menschliche Körper in Gefahrensituationen (Stress) in weniger als einer Sekunde das Blut aus den Gedärmen (Hemmung der Magen-Darm-Tätigkeit) in die Muskeln. Er wird durch Hormone (Adrenalin, Testosteron, Noradrenalin, Endorphine, Serotonin) schneller, aggressiver und schmerzunempfindlicher und kann jetzt besser angreifen oder fliehen (fight or flight). Leider ist das Gehirn auch nicht gut durchblutet (Denkblockade) und der Mensch reagiert hauptsächlich wie ein Reptil. Aus dem Tunnelblick heraus zu kommen, die Angelegenheit wieder zu überblicken, klar zu denken und die richtige Lösung zu finden erfordert Übung, Kraft und Willen. Es dauert nach einer Stresssituation bei guten Bedingungen wenigstens 30 Minuten bis der Hormonhaushalt wieder ausgeglichen ist. Übrigens verbrauchen Sie unter Stress acht Mal so viel Energie wie bei ausgeglichenen Haushalt. Wenn Sie also einen stressigen 10-Stunden-Tag hatten, können das gefühlte 80 Stunden Arbeit sein.

2.2.2 U(h)rzeitmodell

„Der Übergang vom Affen zum Menschen sind wir." (Konrad Lorenz)

Damals

Gehen wir ein paar Millionen Jahre zurück. Deutschland ist zum Großteil mit Wäldern bedeckt, in denen Tiere wie Hasen, Rehe und Säbelzahntiger hausen.
Einer unserer Vorfahren, ein Urmensch, steigt aus seiner gemütlichen Höhle, nachdem er vom Vogelgezwitscher sanft geweckt wurde, schultert seine Keule und macht sich auf den morgendlichen Streifzug durch die angrenzenden Wälder.
Plötzlich: Ein Knacken im Unterholz. Was passiert? Stress entsteht. Adrenalin, Testosteron und zahlreiche andere Botenstoffe werden ausgeschüttet, der Stein-

zeitmenschenorganismus stellt sich nach der vagotonen Schockphase („Schrecksekunde") auf Kampf oder Flucht ein (sog. „Fight or Flight"-Reaktion). Die Muskulatur, welche für Kampf oder Flucht wichtig ist, wird gestrafft, andere Muskeln entspannen sich unwillkürlich (daher der Ausdruck „sich vor Angst in die Hose machen"), der Urmensch bekommt einen Tunnelblick, um den Gegner oder den Fluchtweg im Blick zu haben. Die Herzfrequenz steigt, der Blutdruck geht in die Höhe.

Handelt es sich beim Verursacher des Geräuschs im Unterholz um einen Hasen oder ein Reh, ist der Urmensch ideal auf die Jagd eingestellt. Handelt es sich um einen Säbelzahntiger, wird vermutlich die Flucht die angemessene Reaktion sein.

In jedem Fall ist der Organismus durch die Stressreaktion auf alle möglichen Konsequenzen eingestellt und die ausgeschütteten Botenstoffe finden ihren Kanal: Kampf oder Flucht. So schnell wie der Stress aufgebaut wird (weniger als eine Sekunde), so langsam baut er sich wieder ab (mindestens 30 Minuten). Da der Urmensch jederzeit die Möglichkeit hat, seinen Stress durch Raufen oder Laufen abzubauen, bleibt er stets unterhalb der „Tiltgrenze", jener Grenze, ab der Stress anfängt, gesundheitsschädlich zu werden. Die **„Urzeitkurve"** verdeutlicht: Stress ist lebenswichtig. Ein gewisser Grundstresslevel besteht immer, selbst bei schlafenden Menschen. Nur Tote haben keinen Stress.

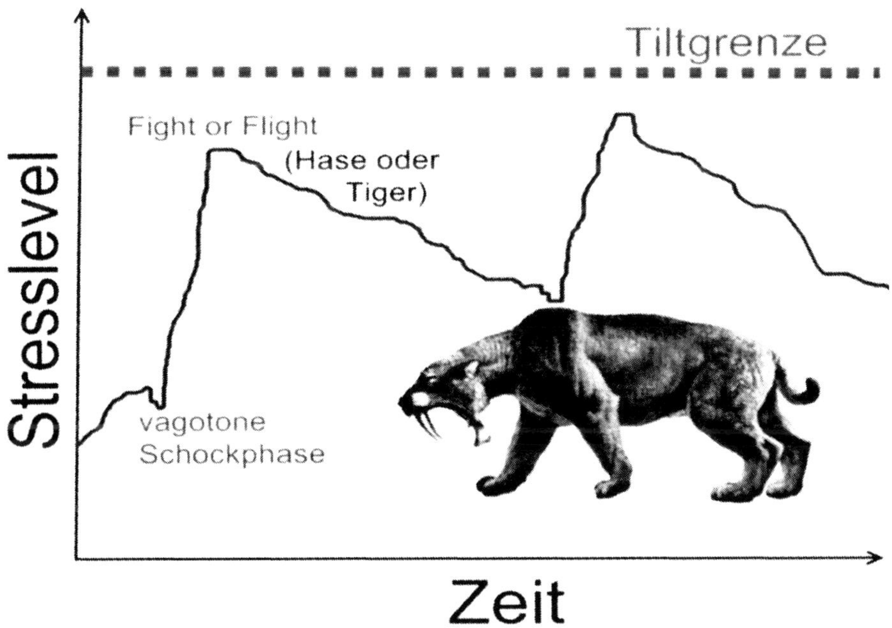

Heute

Der Alltag des heutigen Menschen unterscheidet sich gewaltig von dem des Urzeitmenschen. Heute gibt es keine Säbelzahntiger mehr, unser Essen erjagen wir im Supermarkt und nicht mehr im Wald, unsere Keule ist der Laptop, unser Vogelgezwitscher ist der Wecker.

Dennoch sind die Stressreaktionen und unser inneres „Programm" die selben wie die des Urmenschen. Wie also sieht ein durchschnittlicher Arbeitstag heute aus? Früh am Morgen, der Wecker schellt. Stress. Der Mensch schreckt hoch, Adrenalin und andere Botenstoffe rasen durch den Körper. Ein Blick auf den Wecker, noch mal umdrehen. Der Stresspegel sinkt langsam wieder ein Stück. Beim zweiten Klingeln des Weckers steigt der Stresslevel wieder an, man will ja pünktlich zur Arbeit kommen. Also schnell ins Bad, die Dusche und der Kaffee danach sorgen für ein geringes Absinken des Stresses, der aber aufgrund der verpassten Straßenbahn wieder steigt. Im Taxi (wo der Fahrpreis den Stress wieder ansteigen lässt), bleibt ein wenig Entspannung, welche jedoch durch den über das Zuspätkommen erbosten Chef wieder durch eine saftige Dosis Adrenalin zunichte gemacht wird. Man könnte diese kleine Geschichte noch weiterführen. Sie zeigt, dass unser Organismus trotz anderer Stressoren nicht anders als der des Urzeitmenschen reagiert. Allerdings ist es uns heute nicht mehr möglich, jeden Stressor durch Raufen oder Laufen auszuschalten. Vor allem im Fall des erbosten Chefs würde dies vermutlich gar weiteren Stress nach sich ziehen. Also werden weiter Stresshormone ausgeschüttet, welche allerdings kein Ventil finden.

So überschreitet der Mensch von heute oft die Tiltgrenze, was zu Erkrankungen wie Burn-Out, Magengeschwüren, Schlafstörungen usw. führen kann. Da einer der ständigen Stressoren die Zeit ist, die uns heute meist „im Nacken sitzt", nennen wir die die nächste Grafik **„Uhrzeitkurve"**:

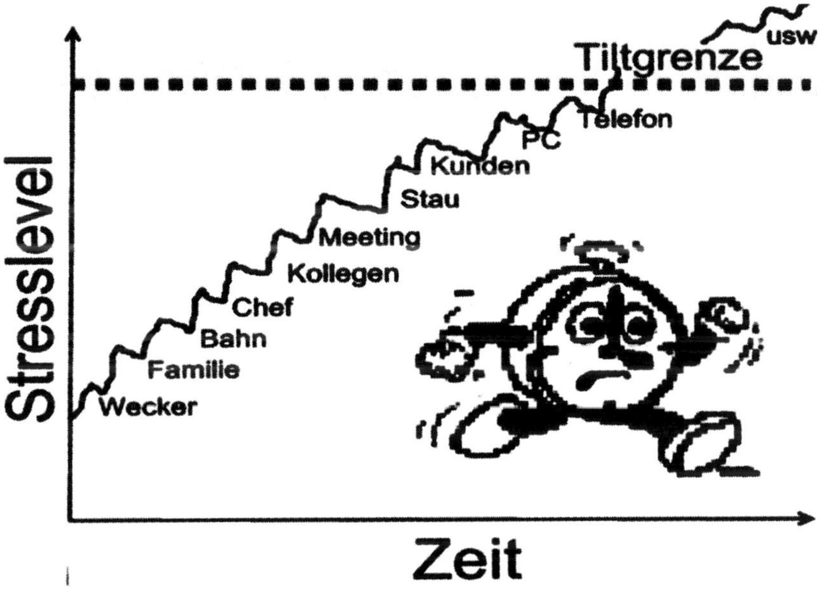

2.2.3 SOR- oder ABC-Modell

„Nur durch Kampf gewinnt man Siege." (Friedrich von Bodenstedt)

Ob und wie ein Mensch auf Stress, Aggression, (vermeintliche) Provokation oder auch einfach jeden äußeren Reiz reagiert, ist individuell sehr unterschiedlich. Während der eine Mensch den Blick eines Passanten im Bus möglicherweise gar nicht registriert, fühlt sich ein anderer vielleicht geschmeichelt, weil er davon ausgeht, jemandem sei seine tolle neue Frisur aufgefallen. Und wieder ein anderer Mensch deutet den Blick eventuell gar als Provokation, als „Anmache" („Was guckst du?!"). Woran liegt es, dass ein und dieselbe Situation (Blick eines Fremden im Bus) von drei verschiedenen Menschen auf drei verschiedene Arten gedeutet wird? Dies versucht das SOR-Modell zu erklären.

S: *S*timulus oder *S*tressor
oder A = Activating Event (Auslösender Moment)
Dies bezeichnet den Reiz. Das, was der Mensch wahrnimmt, wie in unserem Beispiel der Blick eines Fremden. Der Stimulus ist zunächst einmal neutral. Zur Vorbeugung könnten Sie die Umgebung wechseln, wenn Sie vorher schon ahnen, dass es dort zu Eskalationen kommen kann.

O: *O*rganismus

oder B = Beliefs (Wahr-nehmung, Gedanken, Annahmen)

In unserem Organismus findet eine Bewertung des zunächst neutralen Stimulus statt. Wie wir den Reiz bewerten, hängt von vielerlei Faktoren ab. Bleiben wir bei dem Beispiel mit dem Blick des Fremden im Bus. Habe ich von Klein auf gelernt, dass es unhöflich ist, fremde Menschen anzusehen, werde ich den Blick vermutlich eher als Provokation oder Frechheit deuten. Die Erziehung kann also ein mächtiger Einflussfaktor sein. Wenn ich die Erfahrung gemacht habe, dass aus Blicken von Fremden häufig spannende Flirts oder interessante neue Bekanntschaften entstehen, werde ich mich möglicherweise über den Blick freuen. Meine Lerngeschichte und persönliche Erfahrungen sind folglich ein nicht zu unterschätzender Faktor. Bin ich ohnehin schon gereizt, werde ich mich eher provozieren lassen, als wenn ich gerade hervorragende Laune habe. Gehöre ich einer Jugendbande an, in der es als „respektlos" gilt, jemanden anzuschauen und darüber als Schwäche gedeutet wird, jemanden nicht zu verprügeln, der einen anschaut, werde ich mein Gegenüber im Bus gewiss „anmachen" („Warum guckst du?!"). Also spielt auch die Sozialisation eine wichtige Rolle. Weitere Einflussfaktoren können sein:

Eigene Wahrnehmung, Tagesform, Erkrankungen, ethnokulturelle Hintergründe, Geschlecht, Alter, eigene Werte und Tugenden, Beruf, Weltanschauung und politische Einstellung, Religion, gesellschaftliche/äußere Rahmenbedingungen usw.

All diese möglichen Faktoren können, müssen aber keine Rolle bei der Bewertung eines Stimulus spielen. Durch empathisches Verhalten kann sich auch Ihre Wahrnehmung ändern.

R: *R*eaktion

oder C = Emotional Consequence (Stress, der aus diesen Annahmen resultiert)

Nachdem der Stimulus bewertet wurde, folgt die Reaktion. Neben rein körperlichen Reaktionen (z.B. Schwitzen, Zittern und Herzklopfen bei Stress) folgt ein Verhalten.

Dieses Verhalten variiert je nach Bewertung. So kann ein einfacher Blick eines Fremden zu einem Flirt, einer Schlägerei oder auch zu einem unbedeutenden Blick eines Fremden im Bus werden. Durch Selbstmanagement, Meditation, Aufbau von Selbst-bewusstsein usw. können die Reaktionen kontrollierter ablaufen und es kommt zu weniger Eskalationen.

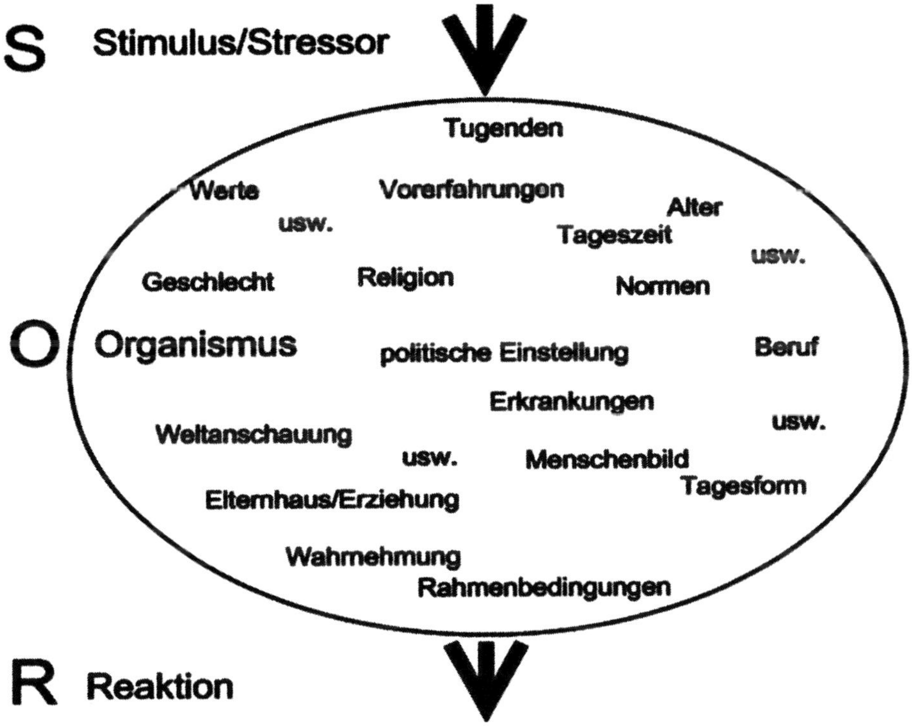

Wahrnehmung ist genau wie Stress individuell. Je mehr man über das „O", die „inneren Filter" unseres Gegenübers weiß, desto besser kann man in einer Situation drohender Eskalation deeskalieren. Daher ist es in vielen Arbeitsfeldern (z.B. Lehrer, Pflegepersonal, Justizvollzugsanstalt, Sozialdienste) sinnvoll, sich im Vorfeld eines Kontakts über den Klienten zu informieren, um eventuelle Stressoren vermeiden zu können.

2.2.4 Kurzfristige Erleichterung

„Niemand kann dir ohne deine Zustimmung ein Gefühl der Unterlegenheit vermitteln." (Eleanor Roosevelt)

Wie die Urzeit- und Uhrzeitkurve gezeigt haben, braucht Stress ein Ventil, meist Kampf oder Flucht, um auf Dauer nicht schädlich und krankmachend für den menschlichen Organismus zu wirken. Sie sollten einen Weg finden, Gefühle offen, ehrlich und in angemessener Form auszudrücken. Spontan und authentisch zu sein ist aber nicht zu verwechseln mit unkontrollierter Impulsivität. Um in

einer Stressituation handlungsfähig zu bleiben und sich vor den dauerhaft schädlichen Wirkungen der nicht ausgelebten Fight- or Flight-Reaktionen zu bewahren, braucht der Mensch Alternativen, welche helfen, die ausgeschütteten Hormone zu kanalisieren und die psychische Belastung gering zu halten.
Neben langfristigen Methoden werden vor allem **kurzfristige Erleichterungen** (KE) benötigt, welche die Handlungsfähigkeit in der Stresssituation selbst erhalten.

Hier unterscheidet man sechs Möglichkeiten:

1. Spontane Entspannung
   Tiefes Ein- und bewusstes Ausatmen, das An- und Entspannen einzelner Muskeln („Faust in der Tasche machen"), oder das sich Recken und Strecken sind die Methoden der Wahl.
2. Innere Ablenkung
   Schon das kurze Hinwenden zu angenehmen Gedanken oder Erinnerungen kann helfen, den Stress zu reduzieren und die Handlungsfähigkeit zu erhalten. Vor dem Konfliktgespräch mit dem Vorgesetzten etwa an den letzten Urlaub, den lieben Partner oder einen angenehmen Kinobesuch zu denken, kann ebenso dazu beitragen, wie das Betrachten eines lieb gewonnenen Bildes oder das bewusste Achten auf Geräusche, Gerüche oder schöne Farben.
3. Äußere Ablenkung
   Zur äußeren Ablenkung zählen alle Aktivitäten, die von der Belastung ablenken. Ein kurzer Spaziergang, das Hören von Musik oder das Lesen einiger Zeilen in einem guten Buch sind Erleichterungen, welche auch kurzfristig einsetzbar sind.
4. Positive Selbstinstruktion
   „Das packe ich!", „Ich bin ganz ruhig!", „Es gibt Schlimmeres!" sind systematisch eingesetzte Gedanken zur Selbstmotivation, welche zur Relativierung von belastenden Situationen eingesetzt werden können.
5. Abreaktion
   Was dem Urmensch der Hieb mit der Keule, ist dem Uhrmensch die Abreaktion. Aufgestaute Energien werden durch körperliche Aktivität kanalisiert, z.B. durch Treppensteigen, einen kurzen Sprint oder einige Kniebeugen. Auch „auf den Tisch hauen" kann in manchen Situationen hilfreich sein.

6. Verringerung der Stressdosis
   Warum sich unnötig zusätzlichen Stress bereiten? Indem man das Radio oder den Fernseher ausschaltet, den Telefonhörer daneben legt oder das Fenster schließt, werden Stressoren beseitigt, welche die ohnehin vorhandene Belastungsreaktion verschlimmern würden.

Alle genannten kurzfristigen Erleichterungen wenden wir oft unbewusst an. Die Wirkung kann jedoch erhöht werden, indem man sich den Einsatz und die Wirkung der KE bewusst macht und diese auch bewusst einsetzt. Je höher die Stressdosis, desto mehr KE sollten zum Einsatz kommen.

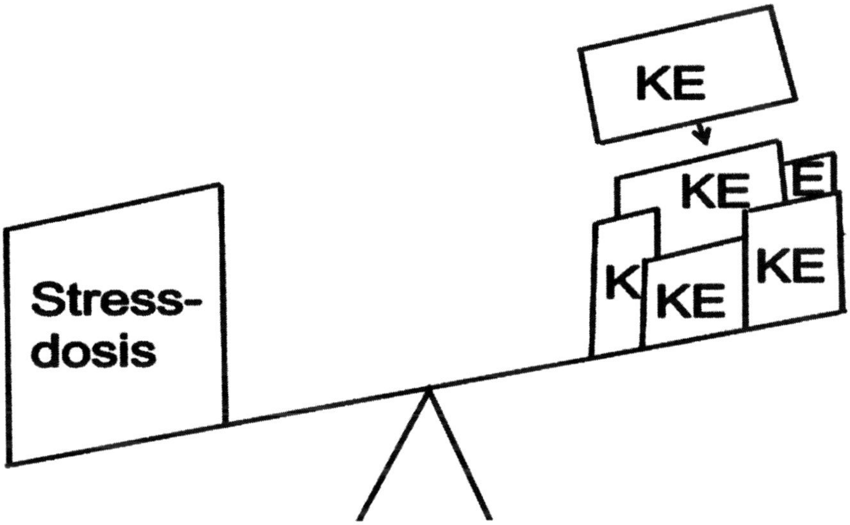

Stop-Satz

Es empfiehlt sich, den Einsatz der kurzfristigen Erleichterungen durch einen so genannten Stop-Satz einzuleiten. Dies ist ein individueller, positiver Satz, welcher dann zum Einsatz kommt, wenn man merkt, dass sich Stress aufbaut, der geeignet ist, die Handlungsfähigkeit einzuschränken.

Der Stop-Satz sollte kurz, prägnant und vor allem positiv formuliert sein, etwa „Ganz ruhig!“, „Alles wird gut!“ oder „Jetzt packe ich´s an!“.

So ist der Stop-Satz quasi der „Startschuss" für den Einsatz der KE und versetzt den Menschen in die Lage, das aktuelle Stressniveau zu senken. Vorhandenes Potenzial kann zur Deeskalation genutzt werden.
Jeder Mensch kann die Amygdala eigenständig mit Hilfe seiner Vorstellungskraft jederzeit so stimulieren, dass sie die Stirnlappen aktiviert. Es geht ganz einfach: Stellen Sie sich vor, Sie hätten eine Feder, die bis in den Kopf hineinreicht und so den vorderen Bereich sowohl der linken als auch der rechten Amygdala kitzelt. Diese simple Imagination verschiebt sofort die neurochemische Aktivität nach vorn, zu den bis dato „schlafenden" Stirnlappen und führt einen positiven Effekt herbei. Das funktioniert auch in Stresssituationen, in denen unsere automatische Reaktion in der Regel die Aktivierung des Reptiliengehirns ist. Legen Sie den Schalter nach vorne um - Sie werden den Unterschied augenblicklich spüren.

2.2.5 Längerfristige Stressbewältigung

„Kein Unglück ist so groß wie unsere Angst." (Franz Werfel)

Der Lebensstil vieler Menschen, die unter Dauerstress stehen, zeigt kontraproduktive Formen der Stressbewältigung. Sie suchen häufig Entlastung durch übermäßiges Rauchen, Essen, Alkohol trinken, Fernsehen usw. Diese schädlichen Gewohnheiten bringen zusätzliche Belastungen und Anspannung statt Entspannung. Ein Teufelskreis ist in Gang gesetzt. Was können Sie dagegen tun?

Reduzieren Sie die äußeren Anforderungen:

- Verbessern Sie Ihr Zeitmanagement (siehe Kapitel „Büro").
- Lernen Sie „Nein" zu sagen.
- Delegieren Sie Arbeiten.
- Trainieren Sie Ihre Problemlösestrategien.

Reduzieren Sie die inneren Anforderungen:

- Müssen Sie immer 100 % geben?
  (Nach Untersuchungen schaffen Menschen in 20 % der Zeit 80 % ihrer Arbeit, die restlichen 80 % brauchen sie u.a. für die Perfektionierung.)
- Hören Sie „einfach" auf perfektionistisch zu denken und zu handeln!

Ändern Sie die Bewertung der Situationen

Warum empfinden Sie die Situation als stressig? Ist die Angelegenheit wirklich so wichtig für Sie? Können Sie die Situation als Herausforderung sehen? Wollen Sie die Angelegenheit wirklich persönlich nehmen?
Das Ziel ist natürlich nicht, große Probleme „klein zu reden"; diese Strategie kann aber z.B. bei alltäglichen Ärgernissen dabei helfen, sich vom Stress zu distanzieren.

Bewerten Sie Ihre eigenen Fähigkeiten

- Haben Sie so eine ähnliche Aufgabe schon einmal bewältigt?
- Wie haben Sie andere schwierige Aufgaben schon gelöst?
- Welche Ihrer Stärken können Sie hier einsetzen?

Stärkung der eigenen Bewältigungsressourcen

- regelmäßiges Entspannungstraining
- Autogenes Training
- Belastungsausgleich
- Sport
- Yoga
- Spazierengehen
- Massage
- Lesen
- soziale Kontakte
- Hobbys
- und vieles mehr...

**Sie kennen sich selbst am besten und wissen, was Ihnen gut tut.
Dann tun Sie es auch!**

2.3 *(De-)Eskalationstufen*

„Der Teufel hat Angst vor fröhlichen Menschen." (Don Bosco)

Der Kampf auf dem Schulhof, in der Disco oder in der Kneipe wird oft als altertümlicher (archaischer) Ritual- und nicht als Duellkampf bestritten. Beim Duellkampf wollen beide Parteien den Streit und beide haben Chancen, z.B. beim Pistolenduell, Boxkampf oder Wettrennen. Beim Ritualkampf möchte der Aggressor „nur" seine Überlegenheit und seine Macht zeigen. Diese Demonstration erfolgt meist in drei Vorstufen oder Eskalationsphasen.

In der **Blick-Stufe (visuellen Phase)** „guckt" sich der Aggressor das Opfer aus und fixiert dieses mit seinen Blicken. Deshalb fühlen sich einige Jugendliche schon durch Blicke angegriffen und der Spruch „Was guckst Du?!" ist schließlich schon ein Klassiker. Längere Fixierung mit Blicken weist auf Interesse des Guckers hin (z.B. Sex oder Gewalt). Plötzliches Absenken des Blickes wird als Schwäche und damit als Opferhaltung interpretiert. Jetzt weiß der „Jäger" (egal ob er nach einem Sex- oder Gewalt-Opfer sucht), dass er eine „Beute" vor sich hat.

In der **Sprech-Stufe (verbalen Phase)** des Ritualkampfes wird das vermeintliche Opfer „angemacht" und beleidigt. Der Aggressor nähert sich dem Opfer an und „plustert" sich durch seine Beschimpfungen auf. Hier wird schon mal angetestet, was das Opfer so „drauf" hat. (Auch hier und in der nächsten Phase könnte man Parallelen zum „Jagdverhalten" eines „Machos" in der Diskothek ziehen.)

In der **Körperkontakt-Stufe (taktilen Phase)** kommt es zu ersten körperlichen Berührungen. Das Opfer wird geschubst, angefasst und geohrfeigt. Die Stärke und die Widerstandskraft des Opfers werden weiter ausgetestet. Der Täter möchte sich weiter aufbauen, sich Mut machen (Adrenalin-Monster) und gleichzeitig sein Opfer runter-machen.
Danach kommt es zum eigentlichen Kampf. Nach dem Einsatz von Fäusten, Ellbogen, Knien und Kopfstössen wird das Opfer zu Fall gebracht oder bricht zusammen. Der Abschluss kann durch Tritte am Boden oder durch das Nachschlagen mit Gegenständen erfolgen.

2.3.1 Visuell

„Wo Klugheit gilt, da schafft Gewalt nichts."
(Herodot von Halikarnassos)

Blickverhalten

Wenn Sie an jemanden vorbeigehen, z.B. in der Fußgängerzone, schauen Sie die meisten Personen nur einen „Augenblick" (weniger als eine Sekunde) lang an. Durch einen längeren Blickkontakt wird Interesse signalisiert. Dieses Interesse kann verschiedenste Gründe haben, z.B. Neugier, Sex oder Gewalt. Angestarrt oder mit Blicken fixiert zu werden, wird meistens als unangenehm erlebt. Umso geringer das Selbst-bewusst-sein, desto eher werden solche Blicke als negativ empfunden: „Was stimmt nicht an mir?" „Hab ich einen Fleck?" „Bin ich hässlich?" Ideal ist es, den anderen auf gleicher „Augenhöhe" entgegenzutreten und Respekt (lat. Zurückschauen) voreinander zu haben.

Mit den Augen werden auch nicht-sprachliche Signale gesendet. Das Ausmaß der Blickkontakte spielt eine wichtige Rolle. Wird ein Gegenüber angestarrt, kann das als Bedrohung aufgefasst werden. Wenn jemand kaum angeschaut wird, kann der Eindruck entstehen, dass das Gegenüber nicht interessiert ist und auch nicht zuhört. Es muss folglich das richtige Maß gefunden werden. Daher wird empfohlen, einen kurzen Augenkontakt (ein Augenblick) herzustellen, ohne zu starren. Blinzeln und ständiges Wegschauen (Suche nach Fluchtmöglichkeiten) werden als Unsicherheit gesehen. Wenn Sie den Blick und Ihre Nase nach oben richten, wirken Sie hoch-näsig und arrogant.

Bei Gesprächen schauen Sie dem Gegenüber in die Augen. Wechseln Sie nicht von einem Auge zum anderen, dies strahlt Unsicherheit aus. Nehmen Sie einen Punkt im Gesicht des Gegenübers und lassen Sie dort Ihren Blick. Dieser Punkt kann auch die Nasenspitze oder die Augenbrauen sein, der Gesprächspartner wird es nicht bemerken. Dieser Blick vermittelt einen Eindruck von Selbst-vertrauen und Selbst-sicherheit. Wenn Sie den Blick abwenden, schauen Sie dann nicht nach oben (Überheblichkeit) oder nach unten (Unsicherheit).

Körper-haltung

Die Geistes-haltung spiegelt sich in Ihrer Körper-haltung. Können Sie Ihr Gegenüber nicht leiden, haben Sie Angst vor ihm und sind Sie etwas „Besseres“: Ihre Körpersprache wird Sie verraten. In Gesprächen gleichen sich die Gesprächspartner in ihren Bewegungsmustern aneinander an. Es ist also hilfreich, wenn eine entspannte Körperhaltung eingenommen wird, da die Wahrscheinlichkeit steigt, dass diese vom Gegenüber ebenfalls angenommen wird. Hektische Bewegungen (könnten als Bedrohung aufgefasst werden) und angespannte Gesichtszüge sind deshalb unbedingt zu vermeiden. Eine unbedrohliche (neutrale) Körperhaltung sollte eingenommen werden (z.B. Hände gut sichtbar und seitlich am Körper halten). Möchten Sie eine neutrale Körper-haltung zum Gegenüber einnehmen, so nehmen Sie „einfach“ eine neutrale Geistes-haltung ein.

Geistes-haltung

Die Geistes-haltung spiegelt sich in der Körper-haltung (Wir wiederholen es immer wieder, weil es so entscheidend ist.). Wenn Sie also in Menschen nur Gegner sehen, die Ihnen etwas Schlechtes wollen, so strahlen Sie dieses aus. Oft bekommen Sie die passenden negativen Reaktionen auf Ihre Ausstrahlung, die natürlich Ihre Grundhaltung verstärkt.

Wenn Sie die unten genannten Grundhaltungen verinnerlicht haben, werden Sie auch oft in diesen von der Umwelt bestätigt werden:

- Die positive Wertschätzung des Gegenübers ist wichtig.
- Die geistige Trennung von der Person, die Sie als Mensch mögen können und gewisse Verhaltensweisen, die Sie ablehnen
- Ein guter Kontakt (Rapport) zum anderen ist notwendig.
- Ich bin o.k. – Du bist o.k.
- Niemand von uns wird mit dem Recht geboren, zu einem Mitmenschen oder Tier zu sagen: Du machst, was ich dir sage, oder ich werde dir wehtun.
- Niemand hat das Recht, den anderen auszugrenzen, zu beleidigen oder zu verletzen.

Ihre Haltung (Geistes- und Körperhaltung) ist schon die erste Möglichkeit einer Deeskalation.

2.3.2 Verbal

„Der Ton macht die Musik." (Deutsche Mutter-Weisheit)

Stimme

Die Stimme gibt Ihre „Stimmung" wieder und sollte gerade bei Eskalationen „stimmen". Sprechtempo, Sprachrhythmus, Lautstärke und Tonhöhe können eskalierend und deeskalierend wirken. Eine hektische und übertrieben laute Stimme kann erregend wirken, wohingegen eine ruhige und tiefere Stimme entspannend wirken kann.
Der mit Menschen arbeitende Mensch sollte im Stande sein, für seine Überzeugung einzustehen, und sich als gutes Vor-bild ohne gewalttätige Handlungen für seine Meinung einsetzen. Die Haltung und die Stimme sollten dabei klar und deutlich sein. Wort, Ton und Körpersprache sollten dabei deckungsgleich (kongruent) und echt (authentisch) sein.
Die Stimmhöhe eines Menschen hängt zum großen Teil von biologischen Faktoren: Resonanzräume im Rachen, Größe der Stimmlippen im Kehlkopf, Menge des Hormons Testosteron u.ä. ab. Männer haben aufgrund dieser Faktoren somit oft tiefere Stimmen als Frauen.
Bei Erregung ändert sich die Grundfrequenz der Stimme. Meist wird sie in ihrer Tonlage heller. Dieses kommt aus der erhöhten Spannung im Körper, in der Kehlkopf und Sprechmuskulatur, aber auch in der gesamten Skelettmuskulatur. In Stresssituationen wird oft in schnellem Tempo ein Satz, ohne Punkt und Komma an den nächsten gereiht. Das stresst nicht nur Sie, sondern auch Ihr Gegenüber. Die Atmung geht bei Stress schnell und flach. Die so genannte Hochatmung, bei der nur in den Brustbereich geatmet wird, trägt dazu bei, dass Druck auf den Kehlkopf entsteht. Die Luft ist schneller verbraucht als bei der Tiefenatmung, was zu mehr Erregung führt, was zu schnellerer Einatmung führt, zu mehr Druck...... ein Teufelskreis.

In entspannter Stimmung klingt unsere Stimme ruhiger und tiefer als in emotional hochgepuschten Situationen. Unsere innere, wohlgespannte Haltung klingt nach außen. In Stresssituationen hilft es daher erst einmal ruhig zu werden, mit einer ruhigen Zwerchfellatmung/Tiefenatmung zu mehr Entspannung zu kommen, denn dieses überträgt sich auf die Stimme. Die Tiefen- oder Zwerchfellatmung ist am besten schon im Vorfeld zu trainieren, damit diese in Stresssituationen zur Verfügung steht.

Die normale Sprechlautstärke einer menschlichen Stimme liegt bei 70 Dezibel (Maßeinheit der Lautstärke), die Rufstimme liegt bei 90 Dezibel, eine trainierte bis zu 115.

Beim Sprechen setzt die Ausatemluft die Stimmlippen in Schwingung. Mit unseren Artikulationsorganen formen wir die Sprache. Die Sprechweise – ob wir schnell oder langsam, monoton oder lebhaft reden – lässt sich verändern und durch Üben und Wissen entfalten.
Die Stimmtrainerin Heike Kelm (www.flora-silikat.de) empfiehlt:

- Zur Vorbeugung: Achten Sie darauf, ausreichend zu trinken. Am besten Stilles Wasser - auch aus der Leitung. Das bewahrt die Stimmbänder vor dem Austrocknen.
- Außerdem können Sie zur Übung täglich summen, singen und pfeifen und beim Kauen Ihre gesamte Mundmuskulatur beteiligen (aber nicht überanstrengen).
- Wenden Sie die Zwerchfelltiefatmung (Flankenatmung od. Vollatmung) an. Diese gewährleistet die atemrhythmisch angepasste Phonation.
- Atmen Sie <u>nicht</u> tief ein, bevor Sie zu sprechen beginnen. Sie haben immer genug Luft für den Sprechbeginn. Mit dem vermeintlichen „Tief Luft holen“ erreichen Sie nur, dass Sie zuviel Luft haben, die genauso schnell wieder raus muss. Gerade bei stressigen Gesprächen: Dampf ablassen - Ausatmen auf ffff - „Es“ atmen lassen und dann sprechen (siehe „Übung für die Tiefenatmung“).
- Für sinnvolles, vom Gegenüber gut zu verstehendes Sprechen ist es wichtig, Pausen zu machen. Diese sind am Ende eines jeden Satzes und werden für die Einatmung genutzt. Beobachten Sie einmal, wie Sie oder Nachrichtensprecher (besser an den öffentlich/rechtlichen orientieren) sprechen. Meist geschieht dieser Ablauf: Sprechen, Pause, einatmen, sprechen ... ganz automatisch.
- Wichtig für Ihren Ausdruck ist auch Ihre mentale Sprechhaltung: Was wollen Sie, wen wollen Sie erreichen? Was wollen Sie ausdrücken? Bis wo im Raum soll Ihre Stimme zu hören sein? Die mentale Sprechvorbereitung beeinflusst die körperliche Sprechbereitschaft, d.h. die muskuläre Einstellung um sich stimmlich zu äußern. Der Satz aus dem Autogenem Training innerlich gedacht: „Ich bin ganz ruhig und gelassen“ wirkt mental auf uns und so auch auf Ihre Stimme.

- Sprechen Sie in Ihrem Eigenton (Indifferenzlage). Das ist die Stimmlage, in der Ihre Stimme gut klingen kann, die beim Sprechen am wenigsten anstrengt und am angenehmsten wirkt. Weil der Eigenton authentisch und entspannt klingt, erzeugt er bei neun von zehn Zuhörern Wohlwollen für den Sprecher. Eine zu tiefe oder zu hohe Stimmlage führt hingegen zu einer größeren Anspannung der Sprechwerkzeuge, die sich auf die Zuhörenden überträgt. Im Idealfall pendeln wir beim Sprechen um den Eigenton herum und finden immer wieder zu ihm zurück.
- Die „richtige" Körperhaltung strahlt Selbstsicherheit aus, welche auch hörbar ist. Eine offene, gelöste Haltung, mit den Füßen im Boden verwurzelt, einer aufrechten Wirbelsäule und dem Kopf über dem Körper wirkt sich auf Ihr Stimmvolumen aus. Vermeiden Sie Verspannungen oder Unterspannung der Körpermuskulatur. Sorgen sie für eine so genannte Wohlspannung oder Eutonie des Körpers.
- Der ganze Körper dient der Stimme als Resonanzraum. Bei Fehlhaltungen wird die Kehlkopfstellung beeinflusst. Wenn die Halswirbelsäule überstreckt wird oder der Kopf gebeugt ist, kann der Kehlkopf eingeklemmt werden. Das Schwingen der Stimmlippen wird dadurch behindert und die Resonanzräume können nicht mehr so gut klingen. Verkrampftes Sitzen und Stehen verhindert die Tiefenatmung und erschwert so das Sprechen.
- Wechseln Sie Tempo und Lautstärke, dies schafft Aufmerksamkeit. Machen Sie Sprechpausen und sprechen Sie nicht zu schnell. Sprechen Sie flüssig, klar und deutlich.

Übungen für einen guten Stand:
Stellen Sie sich vor, wie aus Ihren Füßen Wurzeln in den Boden wachsen: Wurzeln, die Ihnen Standfestigkeit geben. Gehen Sie einen Schritt, beim Aufsetzen lassen Sie sofort wieder die Wurzeln entstehen. Üben Sie diesen Ablauf, um die Wurzeln in angespannten Situationen zur Verfügung zu haben. Aufrechter Stand: Stellen Sie sich, die Füße weit auseinander hin. Heben Sie beim Einatmen die Arme nach oben, über den Kopf. Lassen Sie den Kopf, den Oberkörper und die Arme beim Ausatmen nach vorne fallen. Lassen Sie - falls vorhanden - die Spannung in Kopf und Armen los. Dann richten Sie sich Wirbel für Wirbel langsam wieder auf. Zuletzt den Kopf. 2-3 mal wiederholen. Hilfreich kann auch sein, sich vorzustellen eine Marionette zu sein, die fallen gelassen und dann an einem Faden langsam wieder in die Höhe gezogen wird. 2-3 mal wiederholen.

Übung für die Tiefenatmung:
Nehmen Sie die Arme, schulterhoch, neben den Körper und atmen Sie auf einem langem „ffffff“ aus. Senken Sie dabei die Arme. Wenn die Luft verbraucht ist, hängen die Arme neben dem Körper. Achten Sie auf ihren Atemrhythmus. Nach dem Ausatmen kommt meist eine mal kürzere, mal längere Pause. Warten Sie ab, bis ihr Körper sich von selbst die Luft holt - d.h. ein Atemimpuls kommt. „Es“ atmet, nicht Sie!
Heben Sie beim Einatmen die Arme wieder neben den Körper bis auf Schulterhöhe und atmen Sie wieder mit einem langen „fffff“ aus.
Achten sie darauf, wohin ihr Atem beim Einatmen fließt und was beim Ausatmen geschieht.
Durch das Ausatmen auf „fffff“, zur Abwechslung auch mal auf „wwww“, kommt es zu einer verlängerten Ausatmung und somit zu einer verlängerten Einamtung. Dadurch werden Sie ruhiger.

Ein gutes Training, wenn die „Atem-fff-Übung“ gut läuft: Die Arme sind gehoben, neben den Schultern. Sie sprechen einen Satz. Während dessen senken Sie die Arme. Wenn der Satz zu Ende ist, sind die Arme unten, neben dem Körper. Warten Sie auf den Einatemimpuls. Beim Einatmen die Arme heben, dann wieder sprechen und dabei die Arme senken. Sie trainieren so mit Pausen zu sprechen und nutzen gleichzeitig die Tiefenatmung. Natürlich verhalten Sie sich so nur in der Übungssituation, im Deeskalationsgespräch würde Ihr Gegenüber glauben, Sie wollten wegfliegen.

Eigentonübung:
Das Sprechen auf dem Eigenton kann trainiert werden: Zählen Sie ein paar Mal langsam bis drei: „aaaaaainz, zwaaaaai, draaaaaai!“ Ihre Stimme wird sich nach einigen Malen auf einen Ton einpendeln. Das ist Ihr Eigenton, d.h. der Ton, der optimal für Ihre Sprechorgane ist und bei dem Sie am wenigsten Energie verbrauchen, auch wenn Sie lauter sprechen.

Artikulationsübungen:
Sprechen Sie einige Sätze langsam und sehr deutlich mit extremer Mundöffnung und Lippenbewegung, z.B. Zungenbrecher:

- Blaukraut bleibt Blaukraut und Brautkleid bleibt Brautkleid.
- Der Kaplan klebt Pappplakate.
- Fischers Fritze fischt frische Fische; frische Fische fischt Fischers Fritze.
- Der Potsdamer Postkutscher putzt den Potsdamer Postkutschkasten.
- Die Grobstaubschutzmaskensets sind Schutzsets mit Grobstaubschutzmasken zum Schmutzschutz.

Sprechen Sie die gleichen Sätze mit der Vorstellung keine Zähne mehr zu haben. D.h. in Gedanken in der gebisslosen Zukunft sein. Die Lippen werden über die Zähne in den Mund gezogen.

Ausdruckstraining:
Sprechen Sie die Zungenbrecher mit Pausen in unterschiedlichen Tonhöhen, mit verschiedenen Tempi (Mehrzahl von Tempo), unterschiedlichen Betonungen und Lautstärken. Setzten Sie dabei Ihre Gestik unterstützend ein. Übertreiben Sie. Nehmen Sie wahr, wie sich durch die Änderung von Tempo, Betonung, Lautstärke der Sinn Ihrer Aussage verändert.

Stimmschonung:
Nikotin, Alkohol, Kaffee, Kamillentee, schwarzer Tee, die meisten Obstsäfte, scharfes Essen, Schreien und Flüstern wirken sich schädlich auf Ihre Stimme aus. Aber wer kein Sänger oder Schauspieler werden und es nicht übertreiben möchte: Alles was unserem Wohlbefinden gut tut, ist auch der Stimme in einem zufriedenen Körper anzuhören. Bei anhaltenden Stimmstörungen oder Schmerzen suchen Sie einen HNO-Facharzt auf. Vielleicht bekommen Sie einige Stunden Stimmtherapie oder Unterricht bei einem Logopäden verschrieben.

Das Gesagte

Die sprachliche Kommunikation ist das am häufigsten angewendete Mittel, um in schwierigen Situationen deeskalativ einzugreifen. Daher ist es wichtig, die Möglichkeiten, aber auch die Grenzen der Kommunikation zu kennen und zu berücksichtigen. Die Aufrechterhaltung der Kommunikation sorgt dafür, dass sich die Wahrscheinlichkeit körperlicher Gewalt reduziert. Daher werden folgende Handlungsempfehlungen gegeben (siehe auch Kapitel „Deeskalierende Kommunikation"):

- Die Regeln sollten konsequent eingefordert und die angedrohten Konsequenzen auch durchgehalten werden. Deshalb ist es wichtig, vor einer Androhung von Konsequenzen nachzudenken. Drohen Sie nur das an, was auch durchführbar ist und was Sie bereit sind im Ernstfall durchzuziehen.

- Schlagfertige Antworten auf die Kampfansage „Hurensohn" wie z.B.: „Meine Mutter hat wenigstens Arbeit" oder „Ach, daher kennen sich unsere Mütter" hören sich cool an und werden in einigen Ratgebern empfohlen. Doch dies führt eher zu einer Eskalation. Und lieber ein paar Sekunden „uncool", als den Rest des Lebens tot.

- Eine empathische Einfühlung in die Gefühlswelt und Situation des aggressiven Menschen kann deeskalierend wirken. Dem Gegenüber wird das Gefühl vermittelt, angenommen zu sein, wodurch sich die Kooperationsbereitschaft erhöhen kann.

- Kommunikationstüröffner beinhalten keine persönlichen Gedanken, Urteile oder Gefühle des Empfängers. Sie fordern den Sender dazu auf, an seinen Gedanken und Gefühlen usw. teilhaben zu lassen. Beispiele hierfür sind: „Wirklich?", „Interessant!", „Ah!", „mm…".

- Aussagen, die den Kommunikationsfluss unterbrechen, sollten unbedingt vermieden werden, da sie inhaltlich eine negative Bewertung, Vorwürfe oder eine geringe Wertschätzung signalisieren. Beispiele hierfür sind: „Das kann ich einfach nicht verstehen!", „Was soll dieser Unsinn schon wieder?", „Jetzt möchte ich aber wissen, was das zu bedeuten hat!"

- Vermehrte sprachliche Kommunikation ist nicht immer der Grund dafür, dass Gespräche verweigert werden. Es kann sein, dass Zeit und Ort nicht richtig gewählt sind. Es ist manchmal sinnvoll, zuerst ein wenig Abstand zu gewinnen, bevor ein Gespräch stattfindet. Manche Themen sollten unter vier Augen besprochen werden. Es besteht auch immer die Möglichkeit, dass man selber nicht der geeignete Gesprächspartner ist.

- Die Ich-Botschaften sind eine Sonderform der Feedbacks. Dem emotional erregten Menschen kann durch die Methode verdeutlicht werden, was als Problem gesehen wird. Die Betroffenheit des Betreuers kann durch die Botschaften signalisiert werden. Zudem kann der andere auf mögliche Auswirkungen seines Verhaltens hingewiesen werden. Das ist wichtig, da Konsequenzen in emotional besetzten Situationen häufig vergessen werden. Die Methode sollte eingeübt werden, um wirkungsvoll angewendet werden zu können.

- Beim passiven Zuhören (Schweigen) kann dem anderen Menschen das Gefühl gegeben werden, dass er angenommen wird. Er kann sich aussprechen und „Dampf" ablassen. Der Empfänger reagiert z.B. nur durch Kopfnicken. Beim aktiven Zuhören wird gezeigt, dass Botschaften inhaltlich verstanden werden und sie weder interpretiert noch bewertet werden. Es soll lediglich signalisiert werden, dass man sich in die Welt des Gegenüber einfühlen möchte. Durch das aktive Zuhören kann das Problem unter Umständen auf der Sachebene erfasst werden. Ja- oder Nein-Antworten sollten vermieden werden, damit ganze Zusammenhänge erfasst werden können.

- Offene Fragen können nicht mit Ja oder Nein beantwortet werden. Sie dienen dazu, das Gespräch in Gang zu halten. Die offenen Fragen können auch dazu dienen, Fakten zu ordnen und daraus Erkenntnisse zu ziehen. Sie können eine Gefühls-Eskalation mindern und das Problem auf der Sach-Ebene halten. Ihr Gegenüber erhält die Möglichkeit, in einer Weise zu antworten, die einen Gesichtsverlust verhindert. Vorsicht bei Warum-Fragen: Diese können als Tadel aufgefasst und somit als Provokation gewertet werden.

2.3.3 Taktil

„Man bindet die Kuh fest, ehe man zu melken beginnt.“
(Südafrikanisches Sprichwort)

Taktile Wahrnehmung (lat. Tangere: berühren) ist das Erkennen von Druck, Berührung und Vibrationen über die Haut. Die Akzeptanz von Berührungen ist vom Ausmaß der Erregung abhängig. In emotional gespannten Situationen sollte jeglicher Körperkontakt unterlassen werden, da dieser als Aggression oder als Angriff gewertet werden könnte. Schubsen Sie auf keinen Fall zurück, wenn Sie geschubst werden. Dies ist der Beginn der taktilen Gewaltspirale. Es ist eine Vorstufe, bevor geschlagen und getreten wird. Lassen Sie sich nicht auf dieses „Spielchen“ ein!

In aggressiv gespannten Situationen sollten Sie sich außerhalb der unmittelbaren Schlagdistanz befinden und darauf achten, dass sich z.B. ein Tisch als Barriere zwischen dem Aggressor und Ihnen befindet. Dies erschwert zwar die Gesprächsituation, erhöht aber den Eigensicherungsaspekt. Der Sicherheitsabstand (persönliche Distanzzone) ist kulturell und individuell festgelegt. Die persönliche Distanzzone liegt bei ca. einem Meter. Der räumliche Abstand zwischen den Kommunikationspartnern sollte ausreichend groß sein, da jegliches Eindringen in die Distanzzone als Bedrohung aufgefasst werden kann. Dem Aggressor sollte nie der Rücken zugedreht werden, um immer sehen zu können, was er macht. Ein gut sichtbares Nähern verringert die Wahrscheinlichkeit eines bedrohlichen Eindruckes.

Das Berühren ist ganz klar eine Grenzüberschreitung und kann unter Umständen juristisch als Körperverletzung oder Bedrohung gewertet werden. Sie haben also das Recht, dies anzuzeigen.

Versuchen Sie, auch in diesen Hoch-Stress-Situationen, ruhig zu bleiben und behalten Sie Ihre neutrale Geistes- und Körper-haltung. Eine Möglichkeit: Wenn Sie geschubst werden, nehmen Sie die Kraft auf und stellen sich in einer neutralen Körperhaltung außerhalb der Schlagdistanz in 90 Grad zum Gegenüber. Schauen Sie dabei Ihr Gegenüber an, ohne abwertend oder ängstlich zu wirken. Lassen Sie die Arme locker neben dem Körper hängen. Dies nimmt dem Gegenüber oft den „Wind aus den Segeln“ und Sie kommen wieder eine Stufe tiefer, zurück in die verbale Phase.

2.4 Deeskalationsstrategien

Deeskalation ist Strategie; oder mit den Worten eines berühmten Fußballers: „... ist wie Schach, nur ohne Würfel." Seien Sie flexibel und schauen Sie über den eigenen Tellerrand. Zur Übung verbinden Sie diese 9 Punkte mit 4 Geraden, ohne den Stift abzusetzen. (Die Lösung ist auf www.rabe-training.de unter „Service" zu finden)

o	o	o
o	o	o
o	o	o

Es ist wichtig, die Kontrolle über sich selbst und auch über die Situation zu bewahren. Nicht die Aggressoren sollen kontrolliert werden. Mögliche Konsequenzen sollten ohne die Verwendung von Drohungen aufgezeigt werden. Dem Aggressor müssen die Auswirkungen seines Verhaltens verdeutlicht werden, damit er sein altes Verhalten ablegen kann. Die Kontrahenten sollten die Möglichkeit erhalten, sich zurückzunehmen, ohne ihr Gesicht zu verlieren. Klagende Monologe sollen vermieden werden und die Einhaltung der sprachlichen und nicht-sprachlichen Kommunikationsregeln sollten beachtet werden. Zudem sollte eine Aufzählung möglicher Lösungen erfolgen, um dem Aggressor Handlungsalternativen zu veranschaulichen, die er in seinem erregten Zustand nicht mehr wahrnimmt. Zugeständnisse können nur in Bereichen erfolgen, die das Verhalten des Aggressors nicht verstärken.

2.4.1 (Eigen-)Deeskalation

Es gibt immer wenigstens zwei Möglichkeiten: Ist das Glas nun halbleer oder halbvoll. Zeigt dieses Bild eine junge oder eine alte Frau?

Vorbereiten! Bereiten Sie sich auf mögliche Bedrohungssituationen seelisch vor. Spielen Sie Situationen für sich allein und im Gespräch mit anderen durch. Lesen Sie Bücher wie dieses und besuchen Sie Seminare zu den Themen Kommunikation und Deeskalation. Werden Sie sich grundsätzlich darüber klar, zu welchem persönlichen Risiko Sie bereit sind. Es ist besser, sofort die Polizei zu alarmieren und Hilfe herbeizuholen, als sich nicht für oder gegen das Eingreifen entscheiden zu können und gar nichts zu tun.

Ruhig bleiben! Panik und Hektik vermeiden und möglichst keine hastigen Bewegungen machen, die reflexartige Reaktionen herausfordern können. Wenn Sie „in sich ruhen", sind sie kreativer in Ihren Handlungen und wirken auch auf andere Beteiligte entspannend. Konzentrieren Sie sich darauf, das zu tun, was Sie sich vorgenommen haben. Lassen Sie sich nicht ablenken von Gefühlen wie Angst oder Wut.

Haltung bewahren! Ein eigener sicherer Stand (z.B. Beine hüftbreit auseinander, locker in den Knien) sorgt dafür, dass eventuellen körperlichen Attacken ausgewichen und man selber nicht leicht umgestoßen werden kann. Bei einem festen Stand klingt die Stimme auch fest und selbst-sicher.

Auf die eigene Notsituation aufmerksam machen. Viele potentielle Helfer greifen nicht ein, weil sie unsicher sind, wie sie die Situation einschätzen sollen. Ist wirklich eine Person in Gefahr oder handelt es sich um einen etwas herben Umgangston unter Freunden? Sagen Sie daher laut und deutlich, dass Sie sich belästigt oder bedroht fühlen. Manchmal kann eine so klare Ablehnung sogar die Täter beeindrucken, so dass diese von Ihnen ablassen. Wenn Sie selbst Opfer sind, und merken, dass Sie nicht alleine aus der Situation herauskommen können, sprechen Sie andere Anwesende ganz gezielt an: „Ich werde hier belästigt, Sie in der roten Jacke, können Sie bitte die Polizei rufen."

Die Täter mit „Sie" ansprechen, um die Distanz auch Außenstehenden deutlich zu machen. Das ist besonders wichtig bei Frauen, die von Männern belästigt werden und bei denen die Umstehenden auf die Idee kommen könnten, es handele sich um eine Beziehungskrise.

Gehen Sie aus der Ihnen zugewiesenen Opferrolle! Wenn Sie angegriffen werden: Flehen Sie nicht und verhalten Sie sich nicht unterwürfig. Seien Sie sich über Ihre Prioritäten im Klaren und zeigen Sie deutlich, was Sie wollen. Seien Sie „pro-aktiv"! Warten Sie nicht, bis Sie zum Reagieren gezwungen sind, sondern ergreifen Sie frühzeitig die Initiative. „Schreiben Sie Ihr eigenes Drehbuch!"

Halten Sie den Kontakt zum Angreifer! Stellen Sie Blickkontakt her und versuchen Sie, Verständigung herzustellen bzw. aufrechtzuerhalten. Teilen Sie das offensichtlich mit. Sprechen Sie ruhig, klar und deutlich. Hören Sie zu, was Ihr Gegenüber bzw. der Angreifer sagt. Aus seinen Antworten können Sie Ihre nächsten Schritte ableiten.

Nicht drohen oder beleidigen! Machen Sie keine geringschätzigen Äußerungen über den Angreifer. Versuchen Sie nicht, ihn einzuschüchtern, ihm zu drohen oder Angst zu machen. Erheben Sie nicht Ihre Stimme! Signalisieren Sie nicht, dass Sie einen Angriff erwarten - sonst könnte er stattfinden! Drängen Sie die Person weder geistig noch körperlich „in die Ecke"!

Vermeiden Sie möglichst den Körperkontakt! Vermeiden Sie es möglichst, den Angreifer anzufassen. Körperkontakt ist in der Regel eine Grenzüberschreitung, die zu weiterer Aggression und Eskalation führt.

Tun Sie das Unerwartete! Fallen Sie aus der Rolle, seien Sie kreativ und nutzen den Überraschungseffekt zu Ihrem Vorteil aus. Sprechen Sie mit sich selbst, täuschen Sie einen epileptischen Anfall vor, fangen Sie an die Wand zu beschimpfen, husten und würgen Sie usw., usw.

2.4.2 Hawa–Mahal–Strategie

„Das Denken für sich allein bewegt nichts, sondern nur das auf einen Zweck gerichtete und praktische Denken.“ (Aristoteles)

Diese Methode vom Autor Tim Bärsch wurde nach dem fünfstöckigen „Palast der Winde“ im Geburtsland von Mahatma Gandhi benannt. HAWA-MAHAL besteht aus fünf Einzelkomponenten, die aufeinander aufbauen und zusammen eine strategische Abfolge zur Deeskalation ergeben.

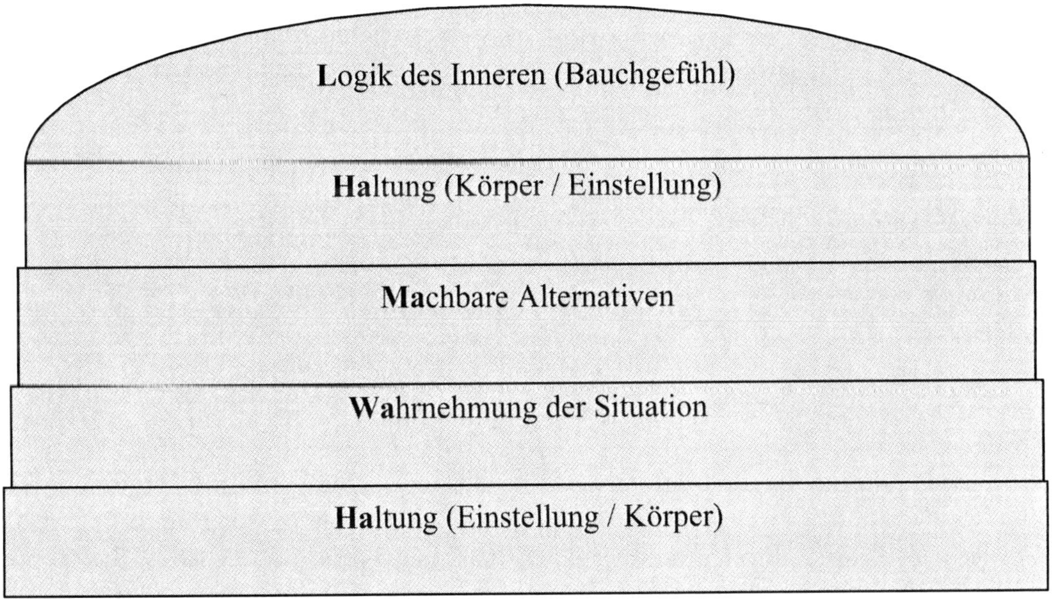

HA: Die Basis dieser Strategie ist Ihre eigene geistige **Ha**ltung, die sich auch in der Körper-haltung spiegelt (siehe Kapitel „Geistes-haltung“). Auf diesem Fundament fußt die gesamte Methode. Ist das Fundament nicht fest, droht der Einsturz des gesamten Strategiepalastes. Um das Fundament sicher und fest zu haben, sollte Ihre Einstellung gegenüber anderen Menschen offen, ehrlich und wertschätzend sein.

WA: Ihre **Wa**hr-nehmung ist entscheidend, um Situationen richtig einschätzen zu können (siehe Kapitel „Wahr-nehmung“ und „Filter und Bedürfnisse“). Auch Ihre Wahr-nehmung sollte offen sein und nicht von Vor-urteilen geprägt. Versuchen Sie so objektiv wie möglich Situationen einzuschätzen, Ihre Gefühle frühzeitig wahr-zunehmen und Ihr Gegenüber einfühlend zu verstehen (Empathie).

MA: Sobald Sie in einer Situation sind, sollten Sie verschiedene **ma**chbare Alternativen zur Verfügung haben. Wenn Sie als Werkzeug nur einen Hammer haben, können Sie nur mit Nägeln umgehen. Je mehr Werkzeuge Sie im Werkzeugkoffer zur Verfügung haben, desto mehr „Probleme“ können Sie bearbeiten. In der

Deeskalation und in der Kommunikation ist dies genau so. Gehen Sie geistig oder körperlich (z.B. in Rollenspielen) verschiedene Wahlmöglichkeiten durch und überprüfen Sie, ob es für Sie eine machbare Alternative werden könnte.

HA: Die **Ha**ltung Ihres Körpers ist ein wichtiger Faktor in der Kommunikation und Deeskalation. Wenigstens 55 % Ihrer Botschaft werden durch Ihren Körper dem Gegenüber mitgeteilt (siehe Kapitel „Kommunikationstheorien" und „Körpersprache"). Wenn Sie nicht sprechen, sogar 100%. Da Sie Ihre Körper-haltung nie perfekt unter Kontrolle haben, sollte Ihre Geistes-haltung wertschätzend sein, um dadurch wiederum eine wertschätzende Köper-haltung zu haben.

L: Die oberste Etage dieser Strategie ist die **L**ogik des Inneren, Ihre Intuition oder Ihr Bauchgefühl. Sie verarbeiten unterbewusst wenigstens fünfmal mehr Informationen als bewusst. Ihr Unterbewusstsein hat mehr Informationen als Sie, kann deshalb die Lage besser überblicken und signalisiert diese Informationen durch Gefühle an Sie weiter (siehe Kapitel „Ihr Bauchgefühl"). Hören Sie deshalb, gerade in Stresssituationen, auf Ihr Bauchgefühl.

2.4.3 Gefahrenstufen

„Die meisten von uns sind mit einer Sprache aufgewachsen, die uns ermuntert, andere in Schubladen zu stecken, zu vergleichen, zu fordern und Urteile auszusprechen, statt wahrzunehmen, was wir fühlen und was wir brauchen." (Marshall B. Rosenberg)

In den verschiedenen Armeen dieser Welt gibt es Alarmstufen mit verschiedenen Farbcodes, um auf die Stärke der Gefahr aufmerksam zu machen. Diese Gefahrenstufen wurden von Geoff Thompson und Prof. Keith Kernspecht auf die waffenlose Selbstverteidigung und werden in diesem Kapitel von den Autoren auf die Kommunikation und die Deeskalation übertragen.

Gefahrenstufe Weiß

Es besteht keine Gefahr. Sie gehen gut gelaunt durch die Fußgängerzone und die anderen Menschen sehen Sie höchstens einen Augenblick an und gehen ihres Weges.

Gefahrenstufe Gelb

Die Situation ist unsicher und nicht ganz klar. Ihnen kommen in der Fußgängerzone zwei männliche Personen entgegen, die Sie nicht einschätzen können. Ihr Gefühl sagt Ihnen: „Mit denen ist nicht gut Kirschen essen!" Vielleicht berühren diese Personen Sie leicht mit der Schulter oder sprechen irgend etwas in Ihre Richtung. Meist hilft hier Ignorieren. Wenn diese beiden Personen Streit suchen, so wollen Sie erst einmal Kontakt zu Ihnen aufnehmen, d.h. Blick-, Sprech oder Körperkontakt (siehe Kapitel „(De-)Eskalationsstufen"). Kommt kein Kontakt zustande, so haben diese oft kein Interesse mehr an Ihnen und suchen sich jemanden anderes. Wichtig ist, dass die beiden nicht das Gefühl bekommen, dass Sie Angst vor ihnen haben oder sich für etwas Besseres halten.

Gefahrenstufe Orange

Die Situation ist bedenklich und wird brenzlig. Die beiden Männer haben Kontakt zu Ihnen aufgenommen und versuchen Sie zu provozieren. Sie riechen die Bierfahne der beiden und werden bedrängt oder sogar festgehalten. Stellen Sie sich seitlich zum Gegenüber, bleiben Sie ruhig und locker. Die Füße sind parallel, die Knie locker, Ihr Stand ist hüftbreit und Ihre Hüfte im Lot. Ihr Oberkörper ist gerade, die Arme hängen locker am Körper, die Hände sind offen und die Handflächen zeigen zum Körper. Der Hals und der Kopf sind gerade und Sie haben ein entspanntes Gesicht, es zeigt weder Aggression noch Angst. Der Körpersprachtrainer Holger R. Schlafhost spricht von einer „entschiedenen Neutralität", die Sie sich verinnerlichen und wie ein Programm abrufen können sollten. Diese Neutralität in Geist und Körper führt meist dazu, dass Aggressoren von Ihnen ablassen und weitergehen.

Gefahrenstufe Rot

Die Situation ist bedrohlich. Die beiden Männer werden immer aggressiver und steigern sich in die Eskalation hinein. Eine Schnapsflasche der beiden fällt zu Boden, alle Vorwarnzeichen einer Eskalation (siehe Kapitel „Gewaltprädiktoren“) sind wahr-zunehmen und Ihr Bauchgefühl schreit förmlich um Hilfe. Jetzt sollten Sie schnellstmöglich das Muster der beiden unterbrechen. Einige Sekunden Gewinn können schon ausschlaggebend sein, dass Sie sich entfernen können. Hierzu sprechen Sie plötzlich mit sich selbst, fragen Sie nach dem Bahnhof, stellen Sie einen epileptischen Anfall nach usw. Hier ist der Kreativität keine Grenze gesetzt. Oder ziehen Sie bewusst eine Grenze. Stellen Sie sich frontal zum Gegenüber und zeigen Sie, dass Sie keine Angst haben. Nehmen Sie die Arme vor, berühren Sie ihn aber nicht und zeigen die offenen Handflächen. So sind Sie einigermaßen geschützt und zeigen, dass Sie aber nicht angreifen wollen.

Gefahrenstufe Schwarz
Die Situation ist gefährlich. Trotz aller Deeskalationsversuche lassen die beiden nicht von Ihnen ab und wollen Ihnen an´s „Leder“. Wenn es eine unangenehme Vorgeschichte mit Ihnen und den beiden gibt, erhöht dies die Wahrscheinlichkeit der Gefahrenstufe Schwarz. (Sie haben die beiden ungerecht und hoch-näsig behandelt oder haben die Würde der beiden mit Füßen getreten.) Jetzt bleiben Ihnen nicht mehr viele Alternativen: „Hilfe“ schreien, sich verprügeln lassen, fliehen oder angreifen. Sie sollten sich mit Befreiungsgriffen aus Kampfkünsten und Kampfsportarten auseinander setzen, um sich im Ernstfall schnell befreien und fliehen zu können. Wir empfehlen hierzu die chinesische Selbstverteidigung WingTsun (www.wingtsun.de).

2.4.4 Zivilcourage

> *„Das in unserer Gesellschaft Taten mehr als Worte zählen, erkennt jeder daran, dass Maurer und Landwirte so viel mehr verdienen als Politiker und Manager.“ (Tim Bärsch)*

Der Begriff **Zivilcourage** setzt sich aus den beiden Wörtern zivil (lateinisch civilis, 1. bürgerlich – nicht militärisch, 2. anständig, annehmbar) und courage (französisch, Beherztheit, Schneid, Mut) zusammen. Er kann als bürgerlicher, anständiger Mut übersetzt werden. Gewalt und Übergriffe finden tagtäglich in der Schule, am Arbeitsplatz, auf der Straße, in der Bahn, in der Kneipe usw. statt. Viele Menschen reagieren verunsichert und schauen oder hören einfach weg und fördern und verstärken damit unabsichtlich ein Klima von Gewalt.

Im Jahr 1964 wird die New Yorkerin **Kitty Genovese** vor ihrem Wohnhaus in Queens brutal über mehrere Stunden zu Tode gequält. Insgesamt 38 Anwohner beobachten den Überfall oder hören die Schreie des Opfers, aber keiner hilft oder wählt den Notruf. Der spektakuläre Fall bringt die Forschung zur Psychologie des Helfens ins Rollen. In verschiedenen spektakulären Experimenten können die Psychologen zeigen, wie leicht Menschen durch äußere Einflüsse vom Helfen abgehalten werden. Und sie stellen fest, dass es offenbar eine ganze Reihe von unbewussten Hürden gibt.

Die beiden US-Psychologen John Darley und Bibb Latané gehören zu den ersten Forschern, die eigene Experimente zur Hilfsbereitschaft durchführen. Eine ihrer bekanntesten Studien stammt aus dem Jahr 1968. Die Probanden sind eingeladen, um angeblich an einer Diskussion über Probleme im Studium teilzunehmen. Sie ahnen nicht, dass in Wirklichkeit ihre Hilfsbereitschaft getestet wird. Die Probanden sitzen einzeln in einer Kabine und sollen sich über Kopfhörer und Mikrophon mit anderen Personen in benachbarten Kabinen unterhalten. Doch statt einer echten Diskussion wird ihnen nach kurzer Zeit eine Tonbandaufnahme vorgespielt, auf der ein Mann einen epileptischen Anfall erleidet und dabei um Hilfe ruft. Die Psychologen wollen herausfinden, wie lange es dauert, bis die Probanden dem Opfer helfen oder ob sie überhaupt einschreiten. Dabei verändern sie gezielt eine Versuchsbedingung. Die erste Probandengruppe glaubt, zu zweit zu sein. Das bedeutet: nur sie selbst und der Mann am Tonband. Die zweite Gruppe glaubt, sie wären zu dritt: außer ihnen noch ein weiterer Proband in jeweils einer anderer benachbarten Kabine und das Opfer. Die dritte Gruppe denkt, es wären insgesamt sechs Leute anwesend. Das Ergebnis ist ebenso eindeutig wie erschreckend: Je mehr Menschen anwesend sind und helfen könnten, um so seltener schreitet der Einzelne ein. Wenn überhaupt geholfen wird, dann dauert es um so länger, je mehr Personen da sind. Das gleiche muss auch im Fall von Kitty Genovese passiert sein. Auch dort waren viele Personen anwesend, aber keiner hat geholfen. Die Psychologen nennen dieses Phänomen „Verantwortungsdiffusion“. Offenbar teilt sich die Verantwortung unter den Anwesenden auf. Je mehr Menschen da sind, umso weniger Verantwortung bleibt für den Einzelnen übrig, bis sich niemand mehr zuständig fühlt. Das Experiment hat außerdem gezeigt, dass es für den so genannten „Bystander-Effekt“ gar nicht notwendig ist, die anderen Personen und ihre Reaktion zu sehen. Allein die Annahme, es seien noch andere Menschen da, führt dazu, Verantwortung abzugeben.

Sollen wir bei soviel Gewalttätigkeit und so wenig Zivilcourage etwa am besten zu Hause bleiben? Sie werden uns zustimmen, dass Autos am sichersten in der Garage sind. Aber dafür sind sie nun einmal nicht gebaut. So verhält es sich auch bei dem Menschen.

2.4.5 (Fremd-)Deeskalation

„Wir sind nicht nur verantwortlich für das, was wir tun, sondern auch für das, was wir nicht tun." (Moliére)

„Unsere Zweifel sind Verräter am Guten, das wir erringen könnten, wenn wir den Versuch nicht fürchten würden." (William Shakespeare)

Schauen Sie bei Notsituationen und Straftaten nicht einfach weg. Die Wahrscheinlichkeit einer gewalttätigen Auseinandersetzung sinkt, je eher in ein gefühlsgeladenes Gespräch eingeschritten wird. Konflikt klärende Gespräche können auch auf einen anderen Zeitpunkt verlegt werden.

Sich selbst schützen. Eigenschutz ist das oberste Gebot für den Helfer. Niemand sollte sich selbst in Gefahr bringen. Denn wenn Sie selbst zum Opfer werden, ist niemandem geholfen.

Situation einschätzen. Bevor Sie einschreiten, sollten Sie die Situation kurz überdenken. Sind Sie der Sache gewachsen? Welche Hilfsmöglichkeiten haben Sie? Wer kann Sie unterstützen? Was ist von den Tätern zu erwarten? Diese Überlegungen sollen Sie davor schützen, sich aus einem gut gemeinten Impuls selbst in Gefahr zu bringen. Wichtig ist, sich von der Angst nicht lähmen zu lassen. Eine Kleinigkeit zu tun ist besser, als über große Heldentaten nachzudenken. Wenn Sie Zeuge von Gewalt sind: Zeigen Sie, dass Sie bereit sind, gemäß Ihrer Möglichkeiten einzugreifen. Ein einziger Schritt, ein kurzes Ansprechen, jede Aktion verändert die Situation und kann andere dazu anregen, ihrerseits einzugreifen. Fragen Sie bei dem vermeintlichen Opfer nach, ob es unterstützt werden möchte. Im Extremfall geraten Sie sonst in eine heftige Paarstreitigkeit; wobei sich das Paar wieder vereinigt, weil es einen gemeinsamen Feind hat – nämlich Sie!

Nicht alleine handeln. Erwarten Sie nicht, dass ein anderer hilft. Je länger Sie zögern, desto schwieriger wird es, einzugreifen. Wenn möglich, fordern Sie andere Anwesende auf mit zu helfen. Viele der Anwesenden sind wahrscheinlich unsicher, was sie tun sollen, und warten ab, was die anderen machen. Durchbrechen Sie diese Passivität. Sprechen Sie andere Menschen ganz konkret an und bitten Sie um Unterstützung: „Entschuldigung, Sie in der roten Jacke, rufen Sie bitte die Polizei." Oder: „Kommen Sie bitte mit mir, um die Situation zu entschärfen." Sprechen Sie laut. Ihre Stimme gibt Ihnen Selbstvertrauen und ermutigt andere zum Einschreiten.

Das Opfer aus der Situation befreien. Versuchen Sie, den Bedrängten aus dem Geschehen herauszuholen. Sprechen Sie das Opfer freundlich an und bieten Sie ihm an, es zu begleiten. „Entschuldigung, wollen Sie sich vielleicht zu mir setzen?" Oder: „Sollen wir gemeinsam an der nächsten Station aussteigen?" Außerdem sollten Sie als Geste des Entgegenkommens im wahrsten Sinne des Wortes dem Opfer die Hand reichen. Viele Menschen, die in Bedrängnis sind, versuchen sich einzukapseln und bekommen daher Ihr Hilfsangebot vielleicht gar nicht mit. Die dargebotene Hand werden sie aber gerne ergreifen. Nehmen Sie Blickkontakt zum Opfer auf. Das vermindert seine Angst. Sprechen Sie das Opfer direkt an: „Ich helfe Ihnen".

Nicht den Tätern provozieren. Machen Sie keinen ängstlichen oder unsicheren Eindruck! Vermeiden Sie eine herablassende, arrogante Haltung! Die erste Reaktion bei vielen Menschen, die helfen wollen, ist, die Täter anzusprechen und sie mehr oder weniger aggressiv zum Aufhören aufzufordern. Doch die Gefahr ist extrem groß, dass dadurch die Situation eskaliert. Die Täter sehen in dem Helfer schnell einen neuen Gegner. Im ungünstigen Fall entlädt sich dann die Aggressivität gegen Sie. Daher sollten Sie die Täter weder sprachlich noch tätlich angreifen. Wenn Sie sie ansprechen wollen, dann möglichst ruhig. Und bleiben Sie bei einem höflichen „Sie". Spielen Sie nicht den Helden und begeben Sie sich nicht unnötig in Gefahr. Setzen Sie keine Waffen ein, diese führen häufig zur Eskalation. Lassen Sie der Person immer einen Fluchtweg offen! Erlauben Sie der Person zu fliehen, wenn sie es möchte und behalten Sie sie im Auge.

Aufmerksamkeit und Hilfe. Ein gute Möglichkeit, aus dem Hintergrund und von den Tätern unbemerkt, zu helfen: Rufen Sie die Polizei oder informieren Sie das Personal oder den Sicherheitsdienst des Bahnunternehmens. Die Polizei erreichen Sie sowohl vom Festnetz als auch vom Handy unter der Rufnummer 110. Beim Handy funktioniert diese Notrufnummer sogar, ohne dass eine SIM-Karte eingelegt oder die PIN-Nummer eingegeben ist. Auch an einem Telefonhäuschen ist die Notrufnummer kostenlos. In vielen Bahnen sind außerdem interne Notrufeinrichtungen installiert. Über eine Gegensprechanlage wird man dann direkt mit dem Fahrer oder einem Sicherheitsbeamten verbunden. Auf der Straße: Schreien Sie laut, am besten „Feuer!!!“, darauf reagiert jeder. Findet der Vorfall in der U-Bahn statt, lassen Sie sich durch den Hinweis „Missbrauch strafbar“ auf der Notbremse nicht einschüchtern. Es liegt ganz klar eine Notsituation vor, daher können Sie getrost ziehen. Dabei ist wichtig zu wissen, dass die Notbremse in einem U-Bahn-Wagen keine sofortige Zwangsbremsung auslöst. Das wäre zu gefährlich, denn so könnte der U-Bahn-Wagen mitten im Tunnel stehen bleiben. Dort wäre er dann nur schwer zugänglich, was zum Beispiel bei einem Feuer fatal wäre. Stattdessen aktiviert die Notbremse beim Fahrer ein Signal, worauf dieser an der nächsten Station hält und dann dort die Situation klärt. Wenn der Wagen mit Videoüberwachung ausgerüstet ist, kann der Fahrer außerdem die Situation auf einem Monitor beobachten.

Kümmern Sie sich um das Opfer und leisten Sie ggf. „Erste Hilfe“. Die Erstversorgung des Opfers ist wichtiger als die Strafverfolgung des Täters. Ein „Schock“ wird oft unterschätzt, kann aber lebensgefährlich sein. Zur Selbstsicherheit im Bereich Erstversorgung von Verletzten <u>sollten</u> Sie regelmäßig Ihr Wissen auffrischen. Es sei denn, Sie arbeiten im medizinischen Bereich, z.B. als Rettungssanitäter, Krankenpfleger oder Arzt. Dann <u>müssen</u> Sie das Wissen regelmäßig auffrischen.

Als Zeuge aussagen. Auch wenn Sie während der Situation nicht aktiv werden konnten, sollten Sie sich hinterher als Zeuge zur Verfügung stellen. Sie können dadurch helfen, dass die Täter gefunden und überführt werden. Merken Sie sich daher genau, wie die Täter aussehen. Wie alt sind sie? Welche Kleidung tragen sie? Welche Haut- und Haarfarbe haben sie? Wir groß sind sie? Wohin sind sie verschwunden?

3 Berufliche Deeskalation

„Kein Lebewesen kann mit nur einem Flügel fliegen. Wirklich gute Führung ist nur möglich, wenn Herz und Kopf – Fühlen und Denken – zusammenspielen."

Eskalationen folgen beruflich und privat den gleichen Grundsätzen. Deshalb gilt das Kapitel „Deeskalation" auch für den beruflichen Alltag. Hier gibt es noch einige Besonderheiten und deshalb haben wir diesem Thema ein eigenes Kapitel gewidmet. Zusätzlich haben wir (Autoren sind Sozialarbeiter und Krankenpfleger) uns auf den sozialen Bereich spezialisiert. Deshalb folgen noch gesondert Informationen für die Zielgruppen der Pauker, Krankenhaussaftschubsen, Sozialfuzies, Kinderklauer, Verzieher und Wärter von Irrenanstalten und Altersheimen.

3.1 Allgemeines

„Willst Du den Charakter eines Menschen erkennen, so gib ihm Macht." (Abraham Lincoln)

Gewalt am Arbeitsplatz wird definiert als: „in Zusammenhang mit der Arbeit stehende Ereignisse - einschließlich des Weges von und zur Arbeit -, bei denen Mitarbeiter beschimpft, bedroht oder angegriffen werden und die eine ausgesprochene oder unausgesprochene Drohung gegen deren Sicherheit, Wohlergehen oder Gesundheit beinhalten."

Die Ergebnisse einer EU-weiten Erhebung im Jahr 2000 haben Folgendes ergeben: 4% der europäischen arbeitenden Bevölkerung waren von Übergriffen Dritter, also physischer Gewalt, betroffen. 9% waren psychischer Gewalt ausgesetzt. Nach Angaben des statistischen Bundesamtes im Jahre 2000 waren das auf Deutschland übertragen: ca. 1,6 Millionen Beschäftigte, die physischer Gewalt ausgesetzt waren und ca. 3,6 Millionen, die psychischer Gewalt am Arbeitsplatz erfahren haben.

Beim **Standford-Experiment** wurden 24 „normale" Studenten aus der Mittelschicht per Münzwurf zu Gefängniswärtern und zu Gefangenen für zwei Wochen. Das Experiment geriet sehr schnell außer Kontrolle. Nach drei Tagen zeigte ein Gefangener extreme Stressreaktionen und musste entlassen werden. Einige der Wärter zeigten sadistsiche Verhaltensweisen, speziell bei Nacht, wenn sie vermuteten, dass die angebrachten Kameras nicht in Betrieb waren. Teilweise mussten die Experimentatoren einschreiten, um Misshandlungen zu verhindern. Nach nur sechs Tagen musste das Experiment abgebrochen werden; insbesondere, weil die Versuchsleiter feststellten, dass sie selbst ihre Objektivität verloren, ins Experiment hineingezogen wurden und gegen den Aufstand der Gefangenen agierten. Dieses und andere Experimente zeigen:

Uniformen und Waffen erschweren immer eine Deeskalation!

Deshalb: Wenn möglich, verzichten Sie auf Uniformen und Waffen. Die Polizei in NRW hatte bis Ende des 20. Jahrhunderts eine Deeskalationsstrategie und ließ Polizeibeamte auf Demonstrationen mit Kappe und ohne Schilder neben den meist friedlichen Demonstranten laufen. Diese führte zu menschlichen Annäherungen und wenigen Eskalationen.
Andere (Bundes-)Länder haben eine Strategie der Abschreckung mit „Rüstungen“, Schildern, Helmen, Einkesseln und Störenfriede-in-der-Menge-verhaften eingeführt. Die Eskalationen sind häufiger und brutaler.
Widersprüchlich, aber wahr: Die Maßnahmen, die die Polizeibeamten schützen sollten, erhöhen die Wahrscheinlichkeit, dass sie verletzt werden.

Abschreckung alleine funktioniert beim Menschen nicht. Denken Sie daran: In den USA sind die Strafen höher und abschreckender (teilweise Todesstrafe) als in Deutschland, trotzdem geschehen dort viel mehr Morde.

Wie bereits beschrieben, verbrauchen Sie unter Stress acht Mal so viel Energie wie bei ausgeglichenen Haushalt. Wenn Sie also einen stressigen 10-Stunden-Tag hatten, können das gefühlte 80 sein. Und unter Stress ist eine Deeskalation schwieriger.

In Bezug auf Deeskalation an Ihrem Arbeitsplatz sollten Sie sich einige Gedanken machen:
Wie weit bin ich bereit zu gehen? Beschütze ich das Eigentum meiner Firma genau so wie das Leben meiner Familie? Welche Kliedung sollte ich anziehen und besonders welches Schuhwerk? Welchen Schmuck möchte ich und darf ich tragen? Was erlaubt mein Arbeitgeber? Darf ich in Gefahrenfällen meinen Arbeitsplatz ohne negative Konsequenzen verlassen?

Hier sind Klärungen wichtig!

Gem. § 3 Arbeitsschutzgesetz hat der Arbeitgeber alle Schutzmaßnahmen zu treffen, die die Sicherheit der Beschäftigen positiv beeinflussen. Doch was kann Ihr Arbeitgeber für Sie tun?
Welche Fortbildungen muss oder sollte Ihr Arbeitgeber bezahlen oder bei welchen muss er Sie freistellen? Wie viele Fortbildungstage stehen Ihnen zu? Gibt es vielleicht interne Fortbildungen zum Thema Deeskalation? Haben Sie ein Recht auf Supervisionen? Muss Ihr Arbeitsgeber Hepatitis A und B -Impfungen bezahlen?

Auch hier sind Klärungen notwendig!

3.1.1 Brisante Situationen

„Wenn du dich mit dem Teufel einlässt, verändert sich nicht der Teufel. Der Teufel verändert dich." (Deutsche Weisheit)

Es gibt Situationen, die sind ungefährlich und andere, die sind gefährlich. Hier einige Faktoren, die den Stresslevel und damit das Gefährdungspotential erhöhen:

- Es gibt eine unangenehme Vorgeschichte
- Die Situation ist unübersichtlich
- Ihr Team ist sich uneinig
- Die Kommunikation Ihres Teams ist fehlerhaft
- Es gab keine klaren Regeln und jeder Ihrer Kollegen handhabt es anders
- Waffen oder andere gefährliche Gegenstände sind im Raum
- Übermüdung von Ihnen oder Menschen in Ihrer Umgebung
- Sie oder andere Personen stehen unter Stress und/oder Zeitdruck
- Es ist laut (Motoren, Musik usw.)
- Sie oder Ihr Gegenüber haben Uniformen an, im schlimmsten Fall mit Helm und Schutzpanzerung
- Das Wetter ist schwül-warm
- Es sind viele Personen auf engen Raum (z.B. Fußballstadion, Disco)
- Sie oder andere Personen stehen unter Drogeneinfluss (auch Koffein oder Alkohol)
- Es ist ein einsamer Ort, an dem es keine Zeugen gibt
- Sie haben weder Funk noch Telefon dabei (oder Funkloch)
- Konfrontation feindlich gesonnener Gruppen (Ku Klux Klan-Schwarze / Rechte-Linke / *Lehrer-Schüler / Ärzte-Patienten*)
- Konfrontation mit Drogenabhängigen (ca. 80-90 % Hepatitis C / 5-10 % HIV)
- Es sind Hunde oder andere „gefährliche" Tiere anwesend
- Der andere hat Freunde dabei, vor denen er sein Gesicht verlieren kann
- Es sind Personen vom anderen Geschlecht anwesend, vor denen sich Ihr Gegenüber aufspielen möchte
- Sie möchten etwas, was der andere nicht möchte – Im Extremfall müssen Sie in Grundrechte eingreifen (Fixierung, Kinder wegnehmen, Zimmerdurchsuchung, Sachen wegnehmen usw.)

3.1.2 Berufliche Deeskalations-kommunikation

Oberarzt zum neuen Assistenzarzt: „Na, wie war Ihre erste Operation?“ „Oh, ich dachte, ich sollte eine Obduktion durchführen!“

Komplexe Arbeitsfelder entwickeln spezifische Kulturen und Sprachen (Fachchinesisch). Dies spiegelt sich in der Kommunikation zwischen zwei Personen und auch in der Kommunikation zwischen Abteilungen und Berufsgruppen. In umfangreichen Befragungen in Krankenhäusern benannten fast 70 % der Ärzte und Pfleger die Verbesserung der Kommunikation als größten Einflussfaktor für eine bessere Sicherheit und Effektivität. Hier einige Hinweise, die Sie bei der beruflichen Kommunikation beachten sollten:

Seien Sie so lange wie möglich höflich, aufmerksam, zuvorkommend, freundlich, taktvoll und gesprächsbereit. Beleidigen Sie Ihr Gegenüber auf keinen Fall.

Reden Sie in einer Sprache, die Ihr Gegenüber versteht. Fragen Sie bei den dafür geeigneten Personen ruhig mal mit dem Wort: „Pissen?“ nach, anstelle von „möchten Sie vorher noch einmal urinieren?“ Holen Sie die Leute dort ab, wo sie stehen.

Bleiben Sie sachlich und nehmen Sie Gespräche nicht persönlich. Reagieren Sie angemessen und fair. Versuchen Sie neutral zu bleiben und den Standpunkt und die Bedürfnisse des anderen zu erkennen.

Treten Sie bestimmt, klar und deutlich auf. Seien Sie in Wort, Ton und Körpersprache deckungsgleich. Dies vermittelt, dass Sie fachkundig, entschlossen und sich Ihrer Sache sicher sind. Nutzen Sie zur Not die Technik der kaputten Schallplatte und wiederholen Sie den selben Satz immer und immer wieder.

Seien Sie konsequent. Wenn Sie etwas androhen, sollten Sie es auch durchsetzen. Wenn Sie jemanden das Rauchen verbieten und dieser raucht weiter, wird dies oft zum Machtspiel. Wenn es Ihnen egal ist, so sollten Sie vorher nicht darauf aufmerksam machen.

3.1.3 Rechtliche Grundlagen

In den USA leben 70 % aller zugelassenen Rechtsanwälte. Deshalb ist dieses Land so gerecht!

Rechtliche Grundlagen können von Vorteil sein. Es kann aber auch zu Eskalationen führen, wenn man auf sein „Recht“ besteht.

§ 618 Bürgerliches Gesetzbuch (BGB) verpflichtet den **Arbeitgeber,** Dienstleistungen unter seiner Leitung „so zu regeln, dass der/die Verpflichtete gegen Gefahr für Leben und Gesundheit so weit geschützt ist, als dass die Natur es gestattet“. Dies ist in Bereichen, in denen mit Menschen gearbeitet wird, von besonderer Bedeutung. Besonders dann, wenn man mit Menschen arbeitet, welche sich in schwierigen Lebenssituationen wie Krankheit, Sucht, Arbeits- oder Obdachlosigkeit befinden. Auch die Arbeit mit Kindern, Jugendlichen und älteren Menschen birgt besondere Risiken. Doch in wie weit ist „das Leben und die Gesundheit“ in ihrem Arbeitsbereich wirklich „durch den Arbeitgeber“ geschützt? Wie steht es um Schulungen in Eigensicherungs-, Notwehr-, und Nothilfetechniken? Wie wurde jeder Einzelne in Maßnahmen der Deeskalation geschult? Wie sicher ist der Arbeitsplatz durch bauliche Maßnahmen gegen Entweichungen oder Eindringen Fremder gesichert? Existieren Notrufsysteme? Wie weit werden die gesetzlichen Handlungsspielräume ausgeschöpft? Es liegt vor allem bei jedem selbst, sich durch Eigeninitiative auf den „Ernstfall“, d.h. eine mögliche Eskalation vorzubereiten. Viel besser noch, sich so zu verhalten, dass Konflikte bereits vor der Eskalation entschärft werden. Hierzu zählt auch die Kenntnis der relevanten Rechtsgrundlagen samt der Rechte und Handlungsgrenzen jedes Einzelnen.

Wenn es zu einer Schlägerei gekommen ist, gibt es oft ein Opfer und einen Täter. **Strafrechtlich** wird vom Staat gegen den Täter ermittelt und dann kann der Täter verurteilt werden. Das Opfer hat aber gar nichts davon, außer ein wenig Rache. Es geht beim Strafrecht um Staat gegen Täter.
Möchte das Opfer Schadensersatz oder Schmerzensgeld, sollte dieses es **zivilrechtlich** einfordern. Dies geschieht am einfachsten über einen Anwalt.

Nach unserer **Rechtsprechung** (im Englischen bedeutet „justice“ gleichzeitig Gerechtigkeit und Justiz) ist Gewalt körperlich wirkender Zwang, durch die Entfaltung von Kraft oder durch sonstige körperliche Einwirkung, die nach ihrer Stärke dazu geeignet ist, die freie Willensentschließung oder Willensbetätigung eines anderen zu beeinträchtigen (BGH NJW 1995, 2643), z.B. durch Niederschlagen. Im Strafrecht wird die Anwendung von Gewalt geahndet, z.B. bei Körperverletzungsdelikten. Gesetzlich sind Körperverletzungsdelikte Vergehen (Mindeststrafandrohung unter 1 Jahr) und Verbrechen (Mindeststrafandrohung wenigstens 1 Jahr), die unter die § 223 (Körperverletzung) und folgende Strafgesetzbuch (StGB) fallen. Diese Straftat muss von einem Menschen an einem anderen Menschen begangen werden. Weiter muss es sich um eine körperliche Misshandlung oder eine Gesundheitsbeschädigung handeln. Körperliche Misshandlung ist eine „üble unangemessene Behandlung, durch die das körperliche Wohlbefinden oder die körperliche Unversehrtheit [...] beeinträchtigt wird.“ Eine Gesundheitsbeschädigung ist „das Hervorrufen oder Steigern eines [...] krankhaften Zustandes.“

Deeskalation sollte stets das Ziel sein, Gewaltvermeidung an erster Stelle stehen. Manchmal bleiben aber leider sämtliche Maßnahmen der Deeskalation wirkungslos, etwa bei einem direkten, unvermittelten Angriff. In solchen Fällen heißt es wie bei der Deeskalation: Handlungsfähig bleiben! Und handeln! **Notwehr** steht jedem Menschen zu, egal ob privat oder beruflich. Gem. § 32 StGB dürfen Sie sich verteidigen, wenn Sie angegriffen werden. Es sei denn, der Angriff war legal, z.B. wenn die Polizei Sie festnehmen möchte. Es muss hier ein verbotener Angriff unmittelbar bevorstehen, bereits begonnen haben oder noch andauern. Wenn dieser vorbei ist (z.B. der andere schlägt nicht mehr), ist es keine Notwehr, sondern eine Racheaktion und damit strafbar. Natürlich müssen Sie sich verhältnismäßig verhalten und dürfen nicht mit Kanonen auf Spatzen schießen (oder mit einer Pistole auf klauende Kinder). Bei starker Furcht könnten Sie sogar straffrei ausgehen, wenn Sie die Notwehr überschritten haben (§ 33 StGB).

Hausrecht ist ein notwehrfähiges Rechtsgut, aber immer nur mit dem mildesten zur Verfügung stehenden Mittel, um den Angriff abzuwenden, anzuwenden. Hausrecht besitzt, wer über die Benutzung von bestimmten Räumlichkeiten entscheiden darf (Art. 13 Grundgesetz). Der Hausrechtsinhaber kann mithin Personen verbieten, sich in seinen Räumen aufzuhalten und ein Hausverbot aussprechen. Das Hausrecht kann auch übertragen werden, z.B. an Angestellte oder Sicherheitsbedienstete.

Jeder Mensch ist dazu verpflichtet, einer Person Hilfe zu leisten, wenn die Situation es verlangt, jedoch ohne sich selbst oder andere unzumutbar zu schaden. Kleine Verletzungen und ein geschäftlicher Nachteil sind dabei nicht unzumutbar. Gem. § 323 c Strafgesetzbuch kann jemand wegen **unterlassener Hilfeleistung** bis zu 12 Monate Haft oder eine Geldstrafe bekommen. Bei Gericht werden natürlich die individuellen Fähigkeiten und Möglichkeiten berücksichtigt, d.h. Sie müssen nicht als 50kg-Person drei 2-Zentner-Bodybilder körperlich davon abhalten, jemanden zu verprügeln. Aber Sie können telefonisch Hilfe holen, andere auf die Tat aufmerksam machen, Erste Hilfe leisten usw.

Das **Jedermann-Festnahmerecht** nach § 127 Abs. 1 Strafprozessordnung (StPO) gestattet es jedermann (auch Minderjährigen) eine Person festzunehmen, die auf frischer Tat bei einer Straftat betroffen und dessen Identität nicht klar ist. Danach darf auch körperliche Gewalt zur Eigensicherung angewendet werden (Ist aber recht kritisch!). Kaufhausdetektive dürfen z.B. Kaufhausdiebe festhalten bis die Polizei kommt. Aber sie dürfen die Diebe nicht durchsuchen, das darf nur die Polizei. Wer aber den Straftäter persönlich kennt, darf ihn nicht vorläufig festnehmen – es sei denn, er ist verdächtig, sich den Strafverfolgungsbehörden zu entziehen. Dies muss aber auch nachvollziehbar bewiesen werden. Wichtig: Die Festnahme muss auf jeden Fall verhältnismäßig sein! Sonst kann auch der Festnehmende eine Anzeige wegen Körperverletzung und Freiheitsberaubung bekommen.

Wenn Sie in eine Eskalation geraten und Sie sich einer Straftat verdächtig (Körperverletzung, Beleidigung, Freiheitsberaubung usw.) gemacht haben, wird von Seiten der Polizei und Staatsanwaltschaft gegen Sie ermittelt.
Bei der **Polizei** müssen Sie nicht **aussagen**, aber sie können. Da gerade Eskalationen oft sehr undurchsichtig und emotional sind, ist es von Vorteil sich einen Anwalt zu nehmen. Sprechen Sie mit ihm erst den Sachverhalt durch, bevor Sie eine Aussage bei der Polizei machen. Die Anwaltskosten müssen in der Regel Sie selbst tragen.
Bei **Gericht** müssen Sie als Angeklagter nicht **aussagen**. Sie dürften sogar lügen, ohne dass Sie deshalb eine neue Straftat begehen. Der Richter kann dies aber bei der Strafzumessung berücksichtigen, d.h. Sie bekommen eine höhere Strafe.
Als Zeuge müssen Sie vollständig und wahrheitsgemäß aussagen, es sei denn Sie haben ein Aussageverweigerungsrecht (z.B. bei nahen Verwandten). Lügen Sie als Zeuge ist dies eine Falschaussage oder sogar Meineid (Mindeststrafe 1 Jahr Gefängnis).

3.1.4 Krankheiten

„Die Henne ist der Umweg eines Eies, ein anderes Ei zu erzeugen."
(L. Sterne)

Bestimmte psychische Störungen neigen eher zu aggressiven Tendenzen als andere. Besonders häufig kann es bei folgenden Erkrankungen zu aggressiven Zwischenfällen kommen:

- Schizophrene Psychosen
- Manien
- Panik-/Angstattacken
- Alkoholentzugsdelir / -halluzinose
- agitierte Depression
- bestimmte Rauschmittelintoxikationen (z.B. Kokain, Amphetamine, Crack)
- somatische Erkrankungen (z.B. organische Demenzen, Frontalhirnsyndrom)
- Impulsdurchbrüche im Rahmen geistiger Behinderungen

Auf die drei zuerst genannten Störungen wird im Folgenden genauer eingegangen, um das Verständnis für gegebenenfalls auftretendes aggressives Verhalten zu erhöhen. Das ICD 10 (International Classification of Diseases and Related Health Problems 10.0) ist laienhaft ausgedrückt ein Krankheitenlexikon. Jede Krankheit wird von der Weltgesundheitsorganisation dort erfasst und bekommt einen Code.

Schizophrene Psychose (ICD 10 F20)

Kurzdefinition:
Als Psychosen des schizophrenen Formenkreises bezeichnet man Krankheitsbilder, welche durch Störungen der Wahrnehmung, des Denkens, der Ich-funktion, des Antriebs, der Affektivität sowie des Antriebs und der Psychomotorik gekennzeichnet sind.

Mögliche Ursachen für aggressives Verhalten:
Die für die schizophrenen Erkrankungen typischen Symptome Wahn, Halluzinationen und Affektstörungen können unter Umständen aggressives Verhalten begünstigen bzw. sogar auslösen. So fühlt sich ein Patient möglicherweise wahnhaft bedingt durch das Personal bedroht und ist der festen Überzeugung, sich dagegen wehren zu müssen. Auch Verkennungen sind möglich. Möglicherweise (v)erkennt ein Patient Personal als Teufel, Dämonen, Geheimagenten u.ä.

Manie (ICD 10 F30); manische Episode einer bipolaren Erkrankung (ICD 10 F31.1/2)

Kurzdefinition:
Die Manie bezeichnet eine affektive Störung, welche durch gehobene oder reizbare Stimmung, Antriebssteigerung, Rededrang, Distanzlosigkeit, Allmacht- und Größenideen sowie durch Libidosteigerung und sexuelle Enthemmung gekennzeichnet ist.
Im Rahmen bipolarer Störungen wechseln sich manische und depressive Episoden ab.

Mögliche Ursachen für aggressives Verhalten:
Speziell bei der so genannten „gereizten Manie“ stehen Aggressivität, Streitsucht und Gereiztheit im Vordergrund.
Aber auch bei anderen maniformen Störungsbildern kann es zu Aggressionen kommen, etwa wenn der Patient in seinem gesteigerten Tatendrang gebremst wird oder wenn die bei manchen Patienten vorkommende (sexuelle) Enthemmung zu Konflikten führt.

Panikstörung (ICD 10 F41.0)

Kurzdefinition:
Anfallsartig und ohne erkennbaren Grund auftretende Angst bezeichnet man als Panikstörung. Diese können auch im Rahmen von Depressionen auftreten.

Mögliche Ursachen für aggressives Verhalten:
Die Angst des Patienten kann sich an allen erdenklichen Personen (und Situationen) festmachen. Somit können andere Personen zum Ziel von Angriffen (etwa im Rahmen von Flucht) des Patienten werden. Diese Angriffe müssen nicht zielgerichtet sein.

Medikamente als Mittel der Gewaltprävention und -intervention:
Als pharmakologische Interventionsmittel bei (drohender) Aggressivität oder Gewalttätigkeit stehen dem Arzt vor allem zwei Wirkstoffgruppen zur Verfügung:

Neuroleptika
Während hochpotente Neuroleptika aufgrund ihrer starken antipsychotischen Wirkung vor allem die Ursache von aggressivem Verhalten bekämpfen sollen (Wahn, Halluzinationen usw.), kommen ihre niederpotenten Pendants vor allem bei akuten Erregungszuständen zum Einsatz, wo man sich deren stark sedierenden (beruhigenden) Eigenschaften bedient. Außerdem werden Neuroleptika bei aggressiv-manischen Patienten empfohlen.

Benzodiazepine
Aufgrund ihrer sehr guten sedierenden und anxiolytischen (angstlösenden) Wirkungen sind Benzodiazepine die am häufigsten gebrauchten Tranquilizer (Beruhigungsmittel).
Benzodiazepine sind mit Vorsicht zu „genießen", da sie eine suchterzeugende Wirkung haben.

3.1.5 Kollegen(-team?)

Wenn in „Twentyfour" (24 Stunden Terror-Actionserie) jeder den Anweisungen von Jack Bauer folgen würde, hieße die Serie „One".

Teams, die mit Gewalthandlungen von Klienten rechnen müssen, sollten eine eigene Sicherheitskultur entwickeln. Dies betrifft z.B. eine Schaffung von technischen Voraussetzungen (z.B. Alarmvorrichtung), den Einsatz qualifizierter Mitarbeiter, ständige Fort- und Weiterbildungen, Supervisionen und die Nachbetreuung von Mitarbeitern, die Gewalt ausgesetzt waren. Denken Sie über folgende Anregungen nach:

- Legen Sie Termine nach Möglichkeit in die Büro- und Öffnungszeiten. Da sind die meisten Kollegen da.
- Informieren Sie bei späteren Terminen oder bei aggressiven Kunden die Kollegen darüber.
- Machen Sie im Team einen unauffälligen Satz aus (z.B. Hole noch bitte den Antrag vom Fax.), der besagt: „Bitte bleibe in der Nähe!" (Dies sollte auch in der Dienststelle eingeübt werden!)
- Im Idealfall gibt es klare Regeln für Kunden, die von allen Kollegen

getragen werden und nicht jedes mal neu diskutiert werden müssen.

- Tauschen sie sich regelmäßig im Team aus und sprechen sie auch über ihre Fehler und ihre Kommunikation (Meta-kommunikation).
- Wenn möglich, geben Sie bestimmte „Fälle“ oder „Personen“ ab. Vielleicht kommt es beim Kollegen nicht so schnell zu Eskalationen.
- Informieren Sie über Fehler und schreiben Sie alle Eskalationen vom Team auf. Dies verhindert, dass Fehler öfter gemacht werden und erleichtert die Einarbeitung von neuen Mitarbeitern.
- Zuschauer müssen unbedingt entfernt werden, damit keine Anreize bestehen (z.B. Anfeuern, Statuserhöhung) und sie vor Übergriffen geschützt werden können. Die Kontrahenten sollten getrennt werden, um eine weitere Eskalation zu verhindern. Dies schafft man nicht alleine. Da sollte ein Team gut zusammen arbeiten.
- Im Vorfeld sollte ein Plan zum Umgang mit Gewaltsituationen überlegt werden. Zudem sollte sich kein Mitarbeiter unüberlegt in eine gefährliche Situation begeben, da auch der eigene Kampfinstinkt ausgelöst werden könnte.
- Es sollte klar sein, dass bei Eskalationen nicht lange diskutiert wird. Deshalb sollte die Rollenverteilung klar sein und die Anweisungen kurz, klar und deutlich sein. Für den Eskalationsfall sollten im Team einige Regeln klar sein, z.B.:
  - Verbot von Witzen und schnippischen Bemerkungen
  - Keine Abschweifungen und Diskussionen
  - Bestätigen von Informationen durch Wiederholung
- Im akuten Fall sollten immer wenigstens zwei Mitarbeiter tätig werden. Der Ruhigere von ihnen kann die unmittelbare Kommunikation mit dem Aggressor führen. Der andere Mitarbeiter sollte sich dezent im Hindergrund halten. Die Strategie gibt dem aktiven Kollegen ein Gefühl der Sicherheit und ein Einschreiten des unbeteiligten Kollegen ist jederzeit möglich. Zudem ist es sinnvoll, wenn der Kollege, der über eine gute Beziehung zum Kunden verfügt, eingreift, da eine gute Kommunikation über die Beziehungsebene erfolgen kann.
- Sprechen Sie auch im Team ab, wann eine Flucht die geeignete Alternative ist. Dies sollte im Ernstfall dann auch gemeinsam durchgeführt werden. Sonst fliehen sechs Kollegen und zwei sind jetzt erst recht in einer Gefahrensituation.

3.2 Sicherheitshinweise

„Die Vorsicht ist einfach, die Hinterdreinsicht vielfach.“
(Johann Wolfgang von Goethe)

Ihre und die Sicherheit von anderen Menschen hat immer oberste Priorität. Nichts anderes kann wichtiger sein, als das Leben von Menschen. Dementsprechend sollten Sie einige Sicherheitshinweise beachten:

Vor der Situation:
Schärfen Sie Ihre Wahr-nehmung in Bezug auf Gefahrensituationen. Setzen Sie sich mit Ihren Rechten und Pflichten auseinander. Bedenken Sie, welche Kleidung sinnvoll ist. Vermeiden oder beseitigen Sie Dinge, die eine Eskalation fördern könnte. Einige Anregungen finden Sie in den nächsten Kapiteln.

Während der Situation:
Bleiben Sie ruhig und versuchen Sie, so „deeskalativ“ wie möglich zu sein. Sie haben in Notsituationen **immer** das Recht, die Polizei zu verständigen. Sie müssen nicht vorher Ihren Vor-gesetzten fragen oder mit einkalkulieren, ob dieser Polizeieinsatz Ihrem Betrieb schaden könnte.

Nach der Situation:
Informieren Sie Ihren Vor-gesetzten schriftlich und lassen Sie sich diesen Bericht kurz abzeichnen. Zeichnen Sie alle Eskalationen auf und finden Sie Möglichkeiten im Team, diese in Zukunft zu vermeiden. Nach schwierigen Situationen fordern Sie für sich oder Ihr Team eine Supervision ein. Nehmen Sie Kontakt zu Ihrer gesetzlichen Unfallversicherung auf, diese schützt **alle** Beschäftigten (auch Auszubildende).

3.2.1 Büro

„Hätte ich fünf Stunden Zeit, einen Baum zu fällen, würde ich drei Stunden dazu verwenden, die Säge zu schärfen.“ (Abraham Lincoln)

Vorbereitung ist wichtig und kann viele Sachen vereinfachen. Das Büro kann bei Extremsituationen zu einer Falle werden. Deshalb hier einige Tipps:

- Die Büroeinrichtung und die Atmosphäre können zur Eskalation und zur Deeskalation beitragen. Es gibt einfach „freundliche“ und „unfreundliche“ Räume. Sie können dies meist ändern, z.B. durch Bilder, Lampen usw.
- Die Fluchtwege müssen immer offen gehalten werden. Der Aggressor darf sich niemals eingeengt fühlen.
- Informieren Sie im Vorfeld Ihren Vorgesetzen und Ihre Kollegen, wenn Sie ein „aggressives“ Gespräch erwarten.
- Ihr Sitzplatz sollte nicht mit dem Rücken zur Tür sein, aber bei einem Gespräch sollte auch ein Fluchtweg für Sie erreichbar sein.
- Potentielle Waffen sollten bereits im Vorfeld entfernt werden, damit sie nicht zum Einsatz kommen können. Es muss auch beachtet werden, dass Waffen, die auf den ersten Blick nicht als solche definiert werden (z.B. Brieföffner, Flaschen, Scheren usw.) ebenfalls weggeschlossen oder wenigstens nicht sichtbar sind.
- Legen Sie Termine nach Möglichkeit in die Öffnungszeiten.
- Informieren Sie bei späteren Terminen die Kollegen darüber.
- Machen Sie im Team einen unauffälligen Satz aus (z.B. Hole noch bitte den Antrag vom Fax.), der besagt: „Bitte bleibe in der Nähe!“ (Dies sollte auch in der Dienststelle eingeübt werden!)
- Haben Sie Telefon oder ein Notknopf in greifbarer Nähe
- Lassen Sie Schlüssel weder innen noch außen im Türschloss stecken oder offen herumliegen.
- Kennen Sie die Fluchtwege und Möglichkeiten, wenn Wege abgeschnitten sind.
- Nutzen Sie geeignete Besprechungszimmer, u.a. mit mehreren Zugängen oder gut einsehbare Räume.
- Sie können sich bei einem Gespräch konfrontativ gegenüber sitzen oder über Eck gemeinsam an einem Problem arbeiten (siehe Kapitel „Distanzen“)

Nach dem U(h)rzeitmodell ist es ungünstig über die „Tiltgrenze“ zu gelangen. Eine gute Methode, um bei der Arbeit entspannter und damit deeskalationsbereiter zu sein, ist das **Zeitmanagement.** Zeitmanagement ist die Kunst, seine Zeit optimal zu nutzen. Zeitmanagement bedeutet Selbstmanagement und ist bei immer höheren Arbeitsaufkommen extrem wichtig, um nicht irgendwann gesundheitliche Einbußen zu erleiden.

Es ist wichtig, bei allem, was Sie tun, das **Ziel** vor Augen zu haben. Dies gilt für private und berufliche Ziele gleichermaßen. Erfolgreiches Zeitmanagement erfordert eine Definition klarer Ziele. Es ist sinnvoll, sich kurzfristige, mittelfristige und langfristige Ziele zu stecken.

Diese **ALPEN-Methode** (nach Lothar Seiwert) verwendet wenige Minuten pro Tag zur Erstellung eines schriftlichen Tagesplans. Die fünf Elemente sind:
A: Aufgaben aufschreiben. Aufgaben, Aktivitäten und Termine werden in einen Tagesplan eingetragen.
L: Länge einschätzen. Man schätzt die voraussichtlich benötigte Zeit für jede Aufgabe ein.
P: Pufferzeit. Man sollte maximal 60 % der täglichen Arbeitszeit verplanen. Der Rest bleibt für Unvorhergesehenes reserviert.
E: Entscheidungen. Durch Prioritätensetzen, Kürzen und Delegieren wird der Umfang der Arbeiten beschränkt.
N: Nachkontrolle. Am Ende des Tages erstellt man eine Statistik über geplante und tatsächlich erledigte Arbeiten. Unerledigtes wird auf den nächsten Tag übertragen.

Es ist nachgewiesen, dass ein unordentlicher **Schreibtisch** den Stresslevel erhöht. Besonders bunte Post-it-Zettel, Zettelwirtschaft und verschiedene Gegenstände verschlimmern den Stress. Also Schreibtisch aufräumen!

Eine Stunde pro Tag (**goldene Stunde**) sollte eingerichtet werden, in der sämtliche Störungen ausgeschaltet sind: Kein Telefon, keine Email, Bürotür zu.

Lieber **mehr Zeit** für das Finden eines geeigneten Lösungsweg investieren, als jahrelang den falschen Weg gehen oder auf verschiedenen Wegen zu gehen.

Im Tagesplan sollte Sie unbedingt Ihre persönliche tägliche **Leistungskurve** berücksichtigen. Ruhige Arbeitszeiten sind bis 9.00 Uhr. Zwischen 9 bis 11 Uhr wird in deutschen Büros am meisten telefoniert und man ist am aktivsten. Sie sollten sich also tagtäglich entscheiden, ob Sie in dieser Zeit effektiv arbeiten möchten oder einfachere Aufgaben angehen, die auch unterbrochen werden können.

Termine nicht kurz hintereinander legen, das erhöht den Stresslevel und führt zu wenig effektiver Arbeit.

Pausen sind für die Arbeit sehr wichtig. Es sollte darauf geachtet werden, dass in den Pausen wenig über belastende Arbeitsthemen geredet wird. Die Termine sollten frühestens 15 Minuten nach der Pause gemacht werden. Dies verhindert Stress, wenn Sie mal später in die Pause gehen und Sie können sich noch kurz vorbereiten.

Die vier **Entlastungsfragen** helfen, die eigene Zeit effektiver einzuteilen. Sie eignen sich, wo sich Routine eingeschlichen hat. Mit Hilfe der vier Fragen: „Warum gerade ich?", „Warum gerade jetzt?", „Warum so?" und „Warum überhaupt?" können Sie sich entlasten. Sie verhindern, dass Sie eine Aufgabe automatisch ausführen.

Es ist reine Glücksache, Personen telefonisch in Pausenzeiten (9-10 Uhr / 12-14 Uhr) oder Freitagsnachmittags zu **erreichen**. Deshalb sollten Sie Ihre Telefonversuche auf andere Zeiten verlegen.

Schwierige Gespräche sollte man meist zu zweit führen. Danach haben beide mehr Energie zur Weiterarbeit und durch einen Austausch können vielleicht bessere Lösungswege gefunden werden. Zeitlich sollte man sie am Ende des Tages legen, wenn man weiß, dass eine konzentrierte Arbeit danach sowieso nicht mehr möglich ist.

Ein **körperlicher Ausgleich** ist bei viel Schreibtischarbeit notwendig. Hier kann der (Spazier-)Gang von einem Hausbesuch zum nächsten, die Fahradfahrt zum Kunden oder zur Arbeit schon viel bewirken (siehe Kapitel „U(h)rzeitmodell").

Wie löst man eine **große Aufgabe**?
„Jede Reise fängt mit dem ersten Schritt an." (Konfuzius)
How to eat an Elephant? Bite by bite.
Reduzieren Sie Projekte auf den nächsten elementaren Teilschritt und strukturieren Sie Schritte nach Zeitpunkt und Ausführungsort.

3.2.2 Hausbesuche

„Wir glauben Erfahrungen zu machen, aber die Erfahrungen machen uns." (Eugéne Ionesco)

Ein Hausbesuch kann gefährlich sein. Sie wissen vorher nicht, was auf Sie zukommt. Wenn Sie dann noch so angenehme Sachen tun dürfen, wie die Kinder „wegnehmen" (Jugendamt), die Wohnung durchsuchen (Polizei) oder Sachen beschlagnahmen (Gerichtsvollzieher), kann es leicht zu Eskalationen führen. Deshalb folgende Tipps für den Hausbesuch:

- Erkundigen Sie sich, wer sonst noch in der Wohnung lebt (z.B. beim Einwohnermeldeamt, wenn möglich)
- Im Idealfall haben Sie Zugriff auf Informationen, was für Waffen und Tiere im Haus sind.
- Machen Sie Hausbesuche nach Möglichkeit zu zweit, auf jeden Fall bei Gefährdungssituationen, bei vorherigen Bedrohungen und Fällen mit Gewalt.
- Sagen Sie oder schreiben Sie an eine vereinbarte Stelle, wohin Sie zum Hausbesuch gehen.
- Nehmen Sie Funk oder ein Mobiltelefon mit, welches die notwendigen Nummern eingespeichert hat oder haben Sie eine Notfallliste dabei.
- Setzen Sie sich nach Möglichkeit im Gespräch so, dass Sie den Ausgang schnell erreichen können.
- Bitten Sie den Besuchten, Hunde und andere „gefährliche" Tiere weg zu schließen.
- Kleidung wie z.B. enge Röcke, Pomps oder Schlappen sind für eine Deeskalation von Nachteil, weil Sie weder stabil stehen, noch weg rennen können. Halsketten könnten zum Festhalten oder Würgen missbraucht werden.
- Führen Sie für Notfälle einen Heulalarm (siehe Kapitel „Waffen") mit.
- Setzen Sie sich mit den verschiedenen Kulturen auseinander, damit Sie sie nicht unwissend und unnötig provozieren.
- Geben Sie sich im Telefonbuch und im Internet nicht mit Namen, Adresse und Telefonnummer zu erkennen. Vermeiden Sie dienstliche Anrufe von privaten Telefonen oder unterdrücken Sie Ihre Rufnummer.
- Geben Sie bei Briefen, Email und Faxen nicht den Vornamen an.

- Vermeiden Sie nach Möglichkeit, dass Kunden den privaten Pkw kennen.
- Bei Bedrohungsfällen können Sie beim Einwohnermeldeamt oder Bürgeramt eine Auskunftssperre beantragen.
- Je weniger Informationen ein Kunde von Ihnen hat, desto schwieriger ist es weitere private Details über Sie zu erfahren.

3.2.3 Umgang mit Hunden

„Wirklichen Erfolg werden sie nur erreichen, wenn Sie Interesse und vor allem Freude an dem haben, was Sie tun." (Dale Carnegie)

Der Hund ist des Deutschen liebstes Haustier. Falsch gehalten kann er schnell gefährlich werden. 4,9 Millionen Hunde leben in deutschen Haushalten. Die stark überwiegende Zahl aller Haushunde ist freundlich und stellt für den Menschen keinerlei Gefahr dar. Dennoch werden immer wieder Angriffe von Hunden auf Menschen gemeldet. Die Gesetze zur Haltung von Hunden wurden drastisch verschärft. Kampfhunde werden seit einiger Zeit als gefährliche Hunde eingestuft. Sie dürfen nicht gezüchtet werden. Der Handel mit ihnen ist verboten. Wer einen Kampfhund besitzt, muss die Haltung behördlich genehmigen lassen. Beim „Gassi-gehen" unterliegen diese Hunde einem generellen Maulkorb- und Leinenzwang. In einigen Bundesländern sind noch weitere Hunderassen auf eine so genannte „Liste II" gesetzt worden. Der Besitzer muss den Nachweis der Ungefährlichkeit erbringen. In Nordrhein-Westfalen müssen Hunde, die mindestens 40 Zentimeter groß sind oder mindestens 20 Kilogramm wiegen, auf öffentlichen Plätzen - was auch für den Stadtpark gilt - an der Leine geführt werden. Unabhängig von Alter, Größe und Rasse birgt jeder Hund ein Gefahrenpotential. Stammvater aller Hunde ist der Wolf. Wölfe sind Raubtiere, die in sozialen Verbänden leben. Um Beutetiere erlegen zu können, müssen Raubtiere über eine gewisse Aggression verfügen. Ein wichtiger Bereich für Hunde ist die Verteidigung von Revieren wie Haus, Hof oder Auto des Herrchens. Wenn ein Hund in seiner Bewegungsfreiheit eingeschränkt ist, kann er aggressiv werden. Sie wehren sich, indem sie zunächst die Zähne fletschen und knurren. Das kann sich in Angreifen und Zubeißen steigern. Laut Statistik ist der typische Beißer ein knapp zwei Jahre alter, unkastrierter Mischlingsrüde. Das Wichtige dabei ist, dass fast alle Hunde vorher schon durch eine Bedrohung des Menschen auffällig geworden sind.

Hunde demonstrieren ihre Stimmung durch bestimmte Verhaltensweisen, die Sie an deren Körperhaltung, Mimik und Stimme erkennen können. Es droht Gefahr, wenn alle folgenden Eigenschaften zusammen auftreten:

- ein Hund die Nackenhaare aufstellt
- er knurrt und dabei die Lefzen hochzieht („Zähne fletscht")
- sein ganzer Körper angespannt ist

Andere Zeichen und Gebärden, wie zum Beispiel Nicht-Wedeln oder Nicht-Beschnüffeln Ihrer Hände, sind nicht so eindeutig zu bewerten. Sie können fehlinterpretiert werden und in der Folge zu falschem Verhalten führen.

Verhalten im Umgang mit Hunden, die Ihnen nicht „geheuer" erscheinen:

1. Nicht wegrennen: Bleiben Sie ruhig stehen, lassen Sie den Hund unberücksichtigt vorbei laufen. So bremsen Sie seinen Jagdtrieb aus.
2. Nicht in die Augen starren: Wenn Sie einen fremden Hund fixieren, könnte er dies als Aufforderung zum Kräftemessen verstehen. Beobachten Sie ihn erst einmal nur aus den Augenwinkeln.
3. Ausweichen: Es ist legitim, die Straßenseite zu wechseln oder auch einen Laden zu betreten, um einem Hund auszuweichen, der Ihnen nicht geheuer ist. Wichtig: Bewegen Sie sich langsam und möglichst normal.

Tipps für den Ernstfall (Sie werden von einem Hund angegriffen):

1. Stehen bleiben! Bleiben Sie unbedingt stehen! Durch Weglaufen erhöhen Sie die Motivation des Hundes, dieses Beute-Spiel fortzusetzen.
2. Zeigen Sie Dominanz! Schreien Sie den Hund lautstark mit den Worten „Pfui!" oder „Nein!" an. Ein dominantes Auftreten und Ihre Körpergröße kann ausreichen, den Angriff zu stoppen.
3. Nie den Rücken zukehren! Behalten Sie immer Front zum Hund! So sehen Sie jede seiner Bewegungen und laufen nicht Gefahr, dass er Ihnen in den Rücken springt.
4. Distanz schaffen! Versuchen Sie, durch mitgeführte Gegenstände Distanz zwischen sich und den Hund zu bringen! Das kann Ihre Handtasche, ein Regenschirm, Ihre Einkaufstüte oder auch Ihre Jacke sein. So haben Sie die Möglichkeit, dass der Hund sich in diesen Gegenstand verbeißt.
5. Arme hoch! Springt der Hund zum Angriff ab, schützen Sie Ihre Oberkörperpartie durch das Hochhalten Ihrer Arme. Einen Hund am Arm zu haben, ist wahrlich kein Vergnügen, aber immer noch besser als Bissverletzungen an Gesicht oder Hals davonzutragen.

6. Ruhe bewahren! Keine Abwehrbewegungen! Versuchen Sie, möglichst ruhig zu bleiben! Das erhöht die Wahrscheinlichkeit, dass der Hund an diesem Beutespiel das Interesse verliert. Die landläufige Meinung, dass ein gezielter Tritt zwischen die Beine eines Hundes oder ein kräftiger Schlag auf die Nase ihn dazu bewegt, Sie los zulassen, kann im schlimmsten Fall einen noch härteren Angriff provozieren. In dieser Situation sind Hunde kaum verletzbar! Abwehrbewegungen animieren den Hund dazu, noch fester zu zu beißen, noch fester zu ziehen oder noch fester zu schütteln. Es erhöht seine Aggression.

Kinder als Opfer: Niemals wegsehen! Sollten Sie tatsächlich Zeuge eines Hundeangriffs auf ein Kind werden, müssen Sie sofort handeln. Gehen Sie dazwischen! Versuchen Sie, die Aufmerksamkeit auf sich zu lenken, um den Hund dann mit einem Gegenstand auf Distanz zu halten.

Als Nachtrag: 80 Prozent der Bissverletzungen erfolgen durch den eigenen bzw. einen Hund aus dem Bekanntenkreis. Es ist also weniger der böse fremde Hund, als der falsch eingeschätzte oder bewusst provozierte eigene Hund.

Als Tipp: Es gibt Hundeabwehrspray und Heulalarme (siehe Kapitel „Waffen“). Wenn Sie aber oft mit Hunden zu tun haben, warum geben Sie nicht 99 Cent für eine paar „Hunde-Leckerli“ aus, die Sie bei sich haben. Dann können Sie sich bei den Hunden „einschleimen“ und bauen auf diese Weise Ängste auf beiden Seiten ab.

3.2.4 Waffen

„Mit einem Pistolenlauf zwischen den Zähnen bringt man nur noch Vokale raus!“ (Tyler Durden bzw. Jack in dem Film „Fight-Club“)

Es gibt viele Waffen, die zur Verteidigung oder zum Angriff geeignet sind. Vielleicht überlegen Sie sich, privat oder beruflich eine Waffe anzuschaffen. Wir haben einige Fragen zu den bekanntesten Waffen aufgeschrieben, die Sie vor dem Erwerb bedenken und für sich beantworten sollten:

Messer
Welche Messer dürfen Sie immer bei sich tragen, welche dürfen Sie besitzen und welche sind nach dem Waffengesetz verboten? Aber würden Sie auch tatsächlich ein Messer einsetzen und damit auf einen Menschen einstechen? Ist schneiden vielleicht effektiver als stechen? Möchten Sie es „nur" zur Abschreckung einsetzen? Aber was ist, wenn der andere trotzdem angreift? Vielleicht zieht er sogar auch ein Messer (*denn ...sie wissen nicht, was sie tun*)! Könnten Sie sich überhaupt mit einem Messer verteidigen? ....

Tränengas
Möchten Sie Chlorbenzyliden-Malodinitril (CS-Gas), Chloracetophenon (CN-Gas) oder Oleoresin Capsicum (Pfefferspray) einsetzen? Was ist die Wirkung? Wirkt es auch, wenn der andere unter Drogen steht? Wenn Sie auf den Knopf drücken, kommt ein Nebel oder ein Strahl? Und in welche Richtung? Was ist bei Wind? Wie lange ist die Flasche haltbar? ....

Schlagstock
Welches Material ist am besten geeignet? Gibt es Schlagstöcke, die nicht erlaubt sind? Wie lang und wie dünn sollte der Schlagstock sein? Ist vielleicht ein Tonfa, eine Maglite-Taschenlampe, ein Teleskopschlagstock, ein Nunchako, eine Stahlrute, ein Totschläger, ein Jo, ein Bo, ein Canne, ein Baseballschläger, ein Schlagstock mit CS-Gas oder Elektroschock besser geeignet? Dürfen Sie den Schlagstock offen führen? Können Sie damit umgehen und wo möchten Sie im Notfall hinschlagen? Sollten Sie vielleicht dafür Kendo, Escrima, Kali, Arnis, oder Fechten regelmäßig trainieren? ....

Elektroschockgerät
Wirken die Geräte auch durch die Kleidung? Dürfen Sie die überall ansetzen? Müssen Sie den anderen damit berühren? Kann es auch tödlich sein? Müssen Sie die Batterie regelmäßig überprüfen? Wie ist die Wirkung des Gerätes? Was ist bei Regen oder unter Wasser? Wirkt es immer? ....

Gaspistole
Möchte Sie einen Revolver oder eine Pistole? Brauchen Sie einen Waffenschein? Wie viel mm sollte die Patrone haben und was bedeutet das eigentlich? Welches Kaliber wollen Sie haben? Könnten Sie tatsächlich mit einer Schusswaffe auf jemanden zielen und abdrücken? Bei welcher Entfernung kann eine Gaspistole

tödlich sein? Wie kommt das Gas dort raus? Kann eine Gaspistole auch Ladehemmung haben? Was ist, wenn der andere eine „richtige" Pistole zieht, weil er Ihre für „echt" hält? ....

Fazit

Es gibt wissenschaftliche Untersuchungen, die belegen, dass die Anwesenheit von Waffen im Raum den Stress- und den Aggressionsgrad erhöhen.

Waffen erschweren immer eine Deeskalation!

Wenn Sie wirklich der Meinung sind, eine Waffe besitzen zu müssen, so sollten Sie sich vorher viel Wissen aneignen, sich Gedanken über mögliche Konsequenzen machen und auch regelmäßig damit trainieren. Waffen geben oft eine falsche Sicherheit und können mangels Übung in Stresssituationen nicht angewendet werden. Im Extremfall werden sie sie sogar gegen einen selbst verwandt. Beruflich gelten oft andere Regeln als für Privatpersonen. Ich darf mein privates CN-Gas nicht einfach mit auf eine geschlossene psychiatrische Einrichtung mitbringen und dort benutzen. Deshalb raten wir von allen Waffen ab, außer dem...

Heulalarm

Die einzige „Waffe", die wir empfehlen, ist der Heulalarm. Der Heul-, Taschen-, Schutz-, Personen- oder Schrillalarm ist eine einfach zu bedienende Alarmsirene, die auch in Paniksituationen problemlos zu aktivieren ist. Es gibt ihn schon ab einem Euro, wir empfehlen die Geräte zwischen 5 und 15 Euro. Es gibt die Variante mit Knopfdruck (meist mit Austauschpatrone – bis ca. 110 db – Ein Düsenjet beim Start hat ca. 120 db) und mit herausziehbaren Metallstift (batteriebetrieben – bis zu 140 db). Die zweite Variante kann auch einfach nach dem Herausziehen des Stiftes weggeworfen werden und schrillt weiter. Zusätzlich gibt es Produkte mit grellem Blitzlicht, für Kinder, als Schlüsselanhänger, im Schirm integriert, mit Codierung nach Beendigung des Alarms, die auch als Minialarmanlage für Fenster oder Taschen genützt werden können und welche, die einen unangenehmen Ton für Hunde erzeugen. Sie können auch sinnvoll eingesetzt werden gegen Belästigungen am Telefon. Natürlich sollten Sie das Gerät auch griffbereit haben und die Batterie regelmäßig überprüfen. Einige Geräte haben ein eingebautes Licht, mit dem sich auch die Batteriestärke erkennen lässt.

Zusammenfassend für den Heulalarm gilt:

- Der laute Alarm erzeugt Aufmerksamkeit.
- Der Ton verwirrt oder erschreckt zunächst den Angreifer. Dies ermöglicht eine Flucht.
- Durch das unangenehme Geräusch werden Angreifer in die Flucht geschlagen (teilweise auch Hunde).
- Die Geräte sind klein, leicht und problemlos zu aktivieren.
- Sie geben Sicherheit und sind günstig.
- Sie gefährden körperlich weder den Angreifer noch den Verteidiger.

3.3 Pflegebereich

Menschen, die miteinander zu schaffen haben, machen einander zu schaffen!

Im Pflegebereich ist das Personal oft „hautnah" bei den Patienten und dies kann dann natürlich im besonderen Maße zu Eskalationen führen. Im Verlauf jeder Pflege gibt es Phasen, in denen Aggressionen entstehen können. Ängste, Phobien, Existenzsorgen, persönliche Krisen, Krankheitsschübe, Schmerzen, Trauer und Wut können den Patienten belasten und machen ihn auch hilfloser und verletzlicher. In diesem Spannungsfeld kann es aufgrund von Kleinigkeiten bereits zu aggressiven Handlungen kommen. Einzig und allein das gut geschulte Personal kann die Entstehung von Aggressionen im eigenen System verhindern oder wenigstens vermindern.

3.3.1 Krankenhaus

„Willst du lieber Recht haben oder glücklich sein? Beides zusammen geht nicht." (Marshall B. Rosenberg)

In Befragungen verschiedener Krankenhäuser nannten zwei Drittel der Pfleger und Ärzte auf die Frage, welcher Einflussfaktor von größter Bedeutung für eine bessere Sicherheit und Effektivität sei, die Verbesserung der Kommunikation. Es wurde festgestellt, dass über 70% von eskalierenden Situationen wahrscheinlich durch eine bessere Kommunikation und Zusammenarbeit verhindert oder gemindert werden können.
Die meisten aggressiven Zwischenfälle in Krankenhäusern entstehen nicht, wie man etwa glauben könnte, als unvorhersehbare Impulsreaktion psychisch kranker Patienten. Vielmehr sind auch die Aggressionsereignisse in Krankenhäusern meist durch die gleiche Eskalationsspirale gekennzeichnet, wie bei Übergriffen auf der Straße.
Zur Beruhigung: In Krankenhäusern sind nur etwa 5 % der Personalverletzungen durch Patientenangriffe entstanden. Stürze (17%) und Bewegen von Lasten (12%) führten viel häufiger zu Verletzungen, die gemeldet wurden.

3.3.2 Psychiatrie / Altenpflege

„Das Alter hat auch gesundheitliche Vorteile. Zum Beispiel verschüttet man ziemlich viel von dem Alkohol, den man gerne trinken möchte." (André Gide)

Diese beiden Themen haben wir in einem Kapitel zusammengefasst, weil es sich bei beiden oft um die Arbeit mit Menschen mit psychischen Problemen handelt. Deutliche Gemeinsamkeiten gibt es im Langzeitbereich. Sie haben mehr Möglichkeiten zur Deeskalation, es gibt aber auch mehr Anlässe zur Eskalation.

65 - 95% aller aggressiven Übergriffe von Patienten auf Mitarbeiter **psychiatrischer Einrichtungen** betreffen das Pflegepersonal, wobei der größte Teil dieser Übergriffe auf Akut-Aufnahmestationen stattfindet. Im Rahmen einer Studie zum Thema „Aggression in der Psychiatrie" wurden Pflegende in der Psychiatrie nach den Gründen von Patientenübergriffen befragt. Häufig nannten die Befragten die gleichen Faktoren:

Die Haltung des Pflegepersonals samt des Eindringens in die Intimsphäre der Patienten, Psychopathologie und gestörtes Verhalten, sowie Ängste und Frustrationen der Patienten.
Hier wird ersichtlich, dass aggressives Verhalten von psychiatrischen Patienten auf ein multifaktorielles Geschehen zurückzuführen ist.
Auf der Suche nach Literatur zum Thema „Gewalt in der Psychiatrie" stößt man zumeist auf Hinweise zur Durchführung von Fixierungen, Schutztechniken usw.
Hier sollen Faktoren beleuchtet werden, welche dazu beitragen können, Aggressionen im Vorfeld zu entschärfen, sprich präventiv mit Aggressionen und Gewalt auf psychiatrischen Stationen umzugehen.

Über das Thema „Gewalt in der **Altenpflege**" ist eine Menge geschrieben worden, allerdings meist mit Blick auf das Thema „Gewalt von Pflegenden gegen Bewohner". Dies ist ein sensibles und auch sehr wichtiges Thema. Allerdings werden auch die in der Altenpflege tätigen Menschen nicht selten zum Ziel von Angriffen der Bewohner.
Neben den Ursachen für Aggressivität und Gewalt, welche man überall finden kann, liegen die Ursachen für Übergriffe gegen Altenpflegepersonal häufig in den dementiellen Erkrankungen vieler Bewohner.
Da diese Krankheitsbilder nicht „heilbar" und Besserungsintervalle kaum beeinflussbar sind, erschwert dies eine gewaltpräventive Arbeit enorm und macht diese zu einer sehr anspruchsvollen Aufgabe von Pflegenden in Senioreneinrichtungen.
Eine besonders große Rolle spielen hier milieutherapeuthische Ansätze. Da viele alte Menschen aufgrund von Demenzen ein gestörtes Kurzzeitgedächtnis haben, empfiehlt es sich, die Präventionsansätze dort greifen zu lassen, wo der Bewohner erreichbar ist: Bei seinem Langzeitgedächtnis. Vielleicht besteht die Möglichkeit, Fotos aufzutreiben, welche den Bewohner an schöne Zeiten erinnern. Dies führt oft zu einer Verbesserung der Stimmung und somit zu einer Verringerung der Aggressionswahrscheinlichkeit. Das gleiche gilt für andere Erinnerungsstücke wie Kleider, Gemälde oder manchmal auch Kuscheltiere.
Die Erhebung einer genauen Pflegeanamnese erleichtert die Gewaltprävention.
So arbeitete ich während meiner Krankenpflegeausbildung in einem Altenpflegeheim und war mit der Betreuung eines schwer demenzkranken, etwa 80 Jahre alten Mannes betraut. Die tägliche Körperpflege gestaltete sich als außerordentlich schwierig, da der Bewohner auf körperliche Berührungen stets mit wüsten Beschimpfungen und Schlägen reagierte.

Durch ein Fremdanamnesegespräch mit Angehörigen des Mannes erfuhren wir, dass unser Bewohner vor seiner Pensionierung als Gymnasiallehrer in den Fächern Latein und Deutsch arbeitete.
Von nun an machte ich es mir zur Gewohnheit, einige Zeilen aus dem Tacitus auf Papier zu schreiben und diese dem Herren vor Beginn der Pflegemaßnahme mit dem Wunsch der Übersetzung und Kommentierung in die Hand zu geben. Mit Eifer machte sich der ehemalige Pauker an die Arbeit und war dadurch so gut gelaunt und abgelenkt, dass die Pflege ohne Übergriffe durchgeführt werden konnte. In einem anderen Fall wurde eine demente Bewohnerin immer wieder gewalttätig gegen die gleiche Pflegerin. So sehr die Kollegin sich auch bemühte, ließ sich die alte Dame nicht von Beschimpfungen und Schlägen abbringen. Es dauerte eine ganze Weile, bis wir die Ursache herausfanden. Die Bewohnerin war Vertriebene aus den Ostgebieten des ehemaligen Deutschen Reiches und hatte in ihrer Jugend zahlreiche Grausamkeiten seitens russischer Soldaten miterleben müssen. Die betroffene Kollegin, welche aus Russland stammte, weckte in der Bewohnerin schlimme Erinnerungen, trotz aller Bemühungen. Der russische Akzent reichte aus, um die Bewohnerin in Angst und Schrecken zu versetzen. Von nun an übernahmen andere Kolleginnen die Pflege dieser Bewohnerin, wann immer es möglich war. Generell ist Kommunikation auch in der Altenpflege das beste Mittel der Gewaltvermeidung. In manchen Fällen hat sich die Kenntnis alter Volkslieder als hervorragendes Mittel bewährt, den Bewohner „auf andere Gedanken“ zu bringen.
„Wo man singt, da lass dich nieder. Böse Menschen haben keine Lieder.“
Soweit es möglich ist, sollten persönliche Vorlieben und Abneigungen der Bewohner respektiert werden. Manche Übergriffe lassen sich übrigens schon dadurch verhindern, indem man sich in die Lage des Bewohners versetzt. In einigen Altenpflegeeinrichtungen ist es auch heute leider noch üblich, die Patienten schon in den frühen Morgenstunden, ja sogar nachts, dem oft belastenden „Ritual Grundpflege“ zu unterziehen. Dies resultiert aus Personalmangel und dem Vorhaben der Nachtwache, den Frühdienst zu entlasten. Aber mal ehrlich: Würde mir jemand morgens um vier oder fünf mit einem nassen Waschlappen zu Leibe rücken, könnte ich auch für nichts garantieren. Hier ist möglicherweise ein Umdenken bei vielen Pflegenden nötig. Ist es tatsächlich nötig und sinnvoll, Bewohner/Patienten täglich einer „porentief reinen“ Ganzkörperpflege zu unterziehen? Reicht es nicht vielleicht aus, sich auf Intim-, Mund- und Gesichtspflege zu beschränken und die Ganzkörperwaschung nur bei Bedarf durchzuführen? Respekt, Empathie und die Gestaltung eines soweit wie möglich individuellen Lebensumfeldes verringern das Risiko von aggressiven Übergriffen erheblich.

3.3.3 Totale Institution

„Macht durch Disziplin – Macht durch Gemeinschaft – Macht durch Handeln“ (Morton Rhue im Buch „Die Welle“)

Ein großer Wert im Bezug auf Aggressions und Gewaltvermeidung ist dem Interaktionsstil beizumessen.
Bei vielen Arbeitsfeldern, insbesondere im Justizvollzug, aber auch in sozialen (Alten- oder Kinderheime) oder medizinisch-psychiatrischen Bereichen (Geschützte Allgemeinpsychiatrie, Maßregelvollzug) handelt es sich um totale Institutionen.

Diese straffe Strukturierung ist in vielerlei Hinsicht sinnvoll und notwendig, etwa um Schaden von den Klienten/Patienten/Bewohnern/Gefangenen abzuwenden.
Andererseits ist ein überstrukturiertes, kontrollierendes Milieu mit dominantem und dem Klienten gegenüber misstrauisch auftretendem Personal als idealer Nährboden für Aggressionen und Gewalt zu charakterisieren.

Merkmale der totalen Institution

- Es gibt eine zentrale Autorität. Das Leben findet an einer einzigen Stelle statt.
- Die Mitglieder der Institution führen ihre Arbeit in Gesellschaft und Gemeinschaft ihrer „Schicksalsgenossen“ aus.
- Alle Tätigkeiten und Regeln sind von einem Mitarbeiterstab exakt bestimmt.
- Alle Tätigkeiten und Lebensäußerungen dienen dazu, die Ziele der Institution zu erreichen.

Studien belegen, dass solche Mitarbeiter, welche den Patienten mehr Grenzen setzen, überproportional häufiger zum Opfer von Übergriffen werden.
Je mehr Regeln es gibt, desto mehr Regeln können gebrochen werden!
Letztlich sind einige der genannten Faktoren durch das Personal kaum zu beeinflussen. Bauliche und personalstrukturelle Gegebenheiten sind von den Mitarbeitern weitgehend als gegeben hinzunehmen.

Gewaltförderndes Milieu

Begriffsdefinition Milieu:
Ort, Stelle, Lage, Lebensumstände, soziale, wirtschaftliche, ökonomische und kulturelle Faktoren des lebensbestimmenden Umfeldes.

Begriffsdefinition Milieugestaltung:
Organisation der Lebensumwelt an den natürlichen Bedürfnissen von Bewohnern und Patienten im jeweiligen Setting orientiert (Krankenhaus, Pflegestation, Tagesklinik oder -stätte, Wohnheim oder ambulanter Bereich).

Begriffsdefinition Milieutherapie:
Wird meist der Soziotherapie zugeordnet und beinhaltet eine Umgebungsveränderung und damit verbunden eine positive Auswirkung auf die psychische Krankheit und deren Besserung.

1. Räumliche Voraussetzungen

Allein schon die räumliche Enge und das Eingesperrtsein auf geschlossenen Stationen kann ein Grund für Aggressionen sein. Außerdem zählen eine ungünstige Aufteilung von Räumlichkeiten und mangelhafte Ausweichmöglichkeiten auf der Station zu den aggressionsfördernden Faktoren.

2. Verhaltensweisen von Mitarbeitern

Mitarbeiter können aggressives oder gar gewalttätiges Verhalten durch ihr eigenes Verhalten begünstigen. Gemeint sind damit alltägliche Unhöflichkeiten, wie etwa das Nichtanklopfen vor dem Betreten des Patientenzimmers oder das Ignorieren einzelner Patienten. Besonders geeignet, aggressives Verhalten zu fördern sind Haltungen seitens des Personals, welche den Patienten nicht als autonomen, vollwertigen Menschen akzeptieren. Dies können willkürliche Verbote sein, fehlendes Informieren des Patienten über Pflege- oder Therapiemaßnahmen, kein Einschreiten des Personals bei Ausgrenzung oder Diskriminierung eines Menschen durch dessen Mitpatienten.
Des weiteren zählt eine Art „Selbstschutzverhalten" des Personals als einer der wichtigsten Faktoren in der Aggressionsauslösung auf psychiatrischen Stationen.

Hierzu zählen u.a. folgende Verhaltensweisen:

- „Polizeiverhalten“ (Befehlston, häufiges „Filzen“ in der Psychiatrie usw.)
- „Superman-Verhalten“ (übertriebene Zurschaustellung von Stärke)
- „Show abziehen“ (Das Verharmlosen bzw. Verniedlichen von hartem Verhalten gegenüber Patienten, sowie das Zeigen von unangemessener Härte, wenn kein Externer zuschaut.)

Auf Stationen mit einem überproportional hohen Anteil männlicher Pflegekräfte kommt es statistisch gesehen häufiger zu Übergriffen. „Machoeinstellungen“ erschweren auch den Umgang mit erlebter Gewalt und Aggression innerhalb der Stationsteams: „Du arbeitest in der Psychiatrie. Da gehört Gewalt zum Geschäft; das muss man aushalten können.“

3.3.4 Gewaltarmes Milieu

„Was wir heute tun, entscheidet darüber, wie die Welt morgen aussieht.“ (Marie von Ebner-Eschenbach)

„Nicht gegen, sondern für etwas zu sein, verdeutlicht den Weg zur Lösung.“ (Else Pannek)

In der NANDA Pflegediagnose „Gefahr der fremdgefährdenden Gewalttätigkeit“ werden unter der Überschrift „Empfohlene Pflegeinterventionen“ u.a. Umgebungsmanagement und Gewaltprävention als Aufgaben der Pflegenden benannt.

Als Risikofaktoren werden anamnestischen Prädiktoren wie asozialem Verhalten oder Drohgebärden und andere Faktoren wie neurologische und kognitive Beeinträchtigungen, Substanzmissbrauch oder psychotische Symptomatologie genannt. Völlig außer Acht gelassen werden hier eben die „Umgebungsfaktoren“, sprich das Stationsmilieu, in welchem sich der Patient bewegt. Dr. Dirk Richter hingegen beschreibt die Ursachen für Gewalt in der Psychiatrie als ein Zusammenspiel verschiedener Merkmale. Die in der NANDA Pflegediagnose genannten Patientencharakteristika sind neben dem Stationsmilieu und der Interaktion zwischen Patienten und Personal, insbesondere das Mitarbeiterverhalten zu stellen.

Die Anzahl von Übergriffen ist geringer in Zeiten, in denen mehr Personal vor Ort ist bzw. das Personal intensiver in Interaktion mit den Patienten steht.
Neben der reinen Anzahl der Mitarbeiter auf einer Station ist auch deren Qualifikation und Erfahrung von Bedeutung. Erfahrene und gut aus- und weitergebildete Mitarbeiter sind weit eher in der Lage, bereits latente Aggressionen der Patienten zu erkennen und diesbezüglich frühzeitig zu intervenieren bzw. zu deeskalieren. Laut des International Council of Nurses (ICN) ist qualifiziertes Personal weit weniger gefährdet, in gewalttätige Konflikte verwickelt zu werden. Insbesondere sollte unter anderem in folgenden Bereichen fortgebildet werden:

- Statistiken (um die tatsächliche Gefährdung herauszustellen)
- juristische und ethische Rechte und Pflichten
- Aggressionsentstehung
- Früherkennung, Deeskalation, Kommunikation
- Eingriffs- und Schutztechniken

Psychohygiene

Ausreichende Entspannung und Ablenkung außerhalb des Dienstes sind ein wichtiger Faktor, welcher geeignet ist, um die Aggressionsbereitschaft unter den Mitarbeitern zu verringern (Stress-> Frustration -> Aggression).
Auch Supervisionen, moderierte Teambesprechungen und Fortbildungen sind geeignet, um die Psychohygiene der Mitarbeiter zu fördern.
Als Pflegender in der Psychiatrie, insbesondere im Akutbereich, sollte man sich darüber hinaus regelmäßig selbst die Frage stellen, ob man sich den Anforderungen seiner Arbeit noch gewachsen fühlt und ob man über ausreichende Strategien zur Stressbewältigung verfügt.

Hierarchiestrukturen

Als frustrations- und somit aggressionshemmend gelten eine transparente und wertschätzende Hierarchiestruktur. Fühlt sich der Pflegende nicht bloß als „Befehlsempfänger“ und ist stets über die relevanten Maßnahmen informiert, spiegelt sich dies auch in der Interaktion mit den Patienten wieder.

Interaktion zwischen Mitarbeitern und Patienten

Im Kontakt zwischen Menschen kann es natürlicherweise zu Konflikten, Problemen und Streit kommen. Dies gilt besonders für den Kontakt zwischen Patienten und Pflegenden, da beide aus ihrer Sicht oft je etwas Unterschiedliches wollen und erwarten.

Auch wenn das frühzeitige Erkennen aggressiven Verhaltens als wichtig erachtet wird, darf es jedoch nicht Ziel des pflegerischen Tun sein, die Äußerung aggressiver Gefühle bei Patienten völlig zu unterbinden. Vielmehr sollte der Patient dabei unterstützt werden, seine wütenden oder feindseligen Gefühle erkennen, benennen und in sozial verträgliche Bahnen zu lenken.

„Beziehung ermöglicht die seelische Integration von sozialer Werthaltung, Respekt und Grenzsetzung!" Wie bereits erwähnt, birgt der Kontakt zwischen Menschen stets die Gefahr von Konflikten und Auseinandersetzungen. Ohne hier näher auf die Grundsätze und allgemeinen Möglichkeiten einzugehen, welche das Pflegesystem der Bezugspflege bietet, seien hier dennoch die gewaltpräventiven Aspekte angesprochen. Ein häufiger Auslöser von Aggressionen und Gewalt sind die von psychiatrischen Patienten häufig erlebten Beziehungsabbrüche zu Angehörigen, Freunden, Betreuern usw. Hier liegt es am Bezugspflegepersonal, neue, konstruktive Beziehungen zu den Patienten aufzubauen, zum einen Grenzen aufzuzeigen sowie anzuerkennen und zum anderen eine Atmosphäre von gegenseitigem Respekt und Verbindlichkeit zu schaffen, welche für alle Beteiligten akzeptabel, konfliktarm und gewaltfrei gestaltet wird. Dem Patienten zuzuhören, ihn ernst zu nehmen, seine Meinung zu respektieren und Kritik wertschätzend und situationsbezogen zu äußern, sind Fähigkeiten bzw. Haltungen, welche die Bezugspflegekraft dem Patienten auch im Falle eines Konflikts entgegenbringen sollte, um deeskalierend zu wirken. Des Weiteren sollte das pflegerische Handeln dem Patienten stets transparent gemacht werden, wobei der Patient im gegebenen Rahmen an Entscheidungen beteiligt werden soll. Informationen sollen in einer dem Patienten verständlichen Art und Weise weitergegeben werden. Die Intensität der Beziehung richtet sich nach den Ressourcen des Patienten. Über- oder Unterforderung ist in jeder Hinsicht zu vermeiden, da diese zu Frustrationen führen können.
Die Bezugspflegeperson übernimmt die rhetorische Deeskalation während der Eskalationsgefahr. Hier sollte allerdings darauf geachtet werden, dass zu lange Diskussionen, Spannungen eher erhöhen und abhängig von der Höhe der Eskalation, weniger ver-handelt als ge-handelt werden muss. Dennoch sind auch in Krisensituationen die Grundrechte eines Menschen zu wahren, rechtliche Rahmen nicht zu überschreiten und keine Schuldzuweisungen vorzunehmen.

Beziehungsarbeit ist als die beste Gewaltprävention mit Langzeitwirkung zu sehen.

Die Atmosphäre und das Stationsmilieu spielen eine große Rolle. Verhalten sich Pflegende vorbildlich (Modellernen), herrscht eine klare, wertschätzende und eindeutige Kommunikationsform, werden Grenzen (sowohl des Patienten als auch des Personals) klar aufgezeigt und akzeptiert und Grenzübertretungen in keiner Form toleriert, bestehen geeignete Voraussetzung für ein gewaltarmes Miteinander auch im sensiblen Bereich einer psychiatrischen Akutstation.

3.3.5 Sicherheitshinweise

„Sobald du dir vertraust, sobald weißt du zu leben."
(Johann Wolfgang von Goethe)

Gewalttätigkeit ist eine Form von Kommunikation, eine recht verzweifelte Form, weil andere Mittel nicht zur Verfügung stehen. Ziel der Bemühungen ist es daher, mit dem Patienten in eine nicht-schlagende Kommunikation zu treten.

Gewalttätig wird, wer überfordert ist, wer den Überblick verliert, wer mit konventionellen Mitteln nicht zum Ziel gelangt. Es gilt also, soziale Verhaltensweisen, Gesichtszüge, Gesten detailliert wahrzunehmen, um den Kontext einer Situation richtig zu erfassen und zu deuten. Wir achten auf eine genügende Beleuchtung im Raum, damit der Patient unsere Gesichtszüge erkennen kann und merkt, dass wir ihm gut gesonnen sind. Störende und ablenkende Lärmquellen wie Radio oder Straßenlärm durchs offene Fenster schalten wir aus, damit der Patient hört, was wir sprechen.

Gewisse Patienten fühlen sich bedroht, wenn wir ihnen zu nahe treten. Wir achten also auf genügend Abstand, und wir lassen ihnen den Fluchtweg offen. Bisweilen - wenn wir uns selbst bedroht fühlen - ist es besser, uns selber den Fluchtweg offen zu lassen.

Einer Gewalttätigkeit geht meistens eine symmetrisch eskalierende Beziehung voraus, in der zwei Beteiligte je auf ihrem Standpunkt beharren und immer lauter darauf pochen, Recht zu haben. Bisweilen gelingt es, dem Patienten Recht zu geben, mindestens ein Thema oder einen Aspekt der Sache zu finden, in dem der Patient Recht hat. Man erlaubt ihm damit, das Gesicht zu wahren. Wenn es zwischen einem Patienten und einem Betreuer zu einer Eskalation gekommen ist, dann dürfen notwendig werdende Zwangsmaßnahmen nicht von dem bei der Eskalation beteiligten Betreuer vorgenommen werden.

Umgang mit Gewaltausbrüchen verlangt von allen Mitarbeitern Solidarität: Beim respektvollen Umgang mit den Gefühlen der Kollegen, aber auch beim gemeinsamen Setzen von Grenzen, beim gemeinsamen Tragen von Entscheidungen.

Es gibt Techniken, die bisweilen erfolgreich sind beim Umgang mit erregten und gewalttätigen Patienten:
„Die Bescherung betrachten." Ich versuche, mich in die Haut des Patienten zu versetzen, die Situation durch seine Augen zu betrachten. Vielleicht schimpfe ich mit ihm eine Weile über sein Schicksal, über das wenige Geld, über Nebenwirkungen oder was ihn sonst bedrückt. „Emotionales Erleben verbalisieren." Ich versuche, mich in die Situation des Patienten einzufühlen und sie in Worte zu kleiden, dem Erleben des Patienten Ausdruck zu geben. „Verstecken wir unsere Angst nicht!" Ich stehe ganz offen zu meiner Angst und ordne sie auch genau zu, d.h. ich bitte einen Patienten, ein bestimmtes Verhalten aufzugeben, weil er mir damit Angst macht. „Die Ebene wechseln!" Bisweilen gelingt es, den Patienten abzulenken von dem Thema, das seine ganze Aufmerksamkeit in Beschlag nahm und das seine Wut auslöste. Hier können Techniken des „Ja, aber ..." und des „Ja, und außerdem noch ..." sehr hilfreich sein. Patienten auffordern, nochmals zu wiederholen, was er eben gesagt hat. Damit unterbricht man den spontanen Ablauf, holt den Patienten aus der Regression heraus und bringt ihn zum Reflektieren.

Daran denken, dass Frauen in der Psychiatrie eher seltener angegriffen werden als Männer: Frauen wirken weniger bedrohlich. Als Mann frage ich mich also, wodurch ich bedrohlich wirke.

Prophylaktische Maßnahme: Es sollte routinemäßig nach Aggressionsimpulsen gefragt werden, sowie nach Art, Ort, Zeit des Auftretens, nach der Richtung und danach, wie der Patient damit umgeht.

Einige praktische Verhaltenstipps:
Die hier beschriebenen Verhaltensweisen sind lediglich Vorschläge. Auf jeden Fall sind stets klinik- oder stationsinterne Standards und Rundverfügungen, sowie die jeweilige Gesetzeslage zu beachten.

Wichtige Regeln:
Unbedingt sich selber schützen - keine Heldentaten! Daran denken, dass Gewalt auch von uns ausgeht, wenn wir „Nein" sagen, Patienten einsperren oder zwangsbehandeln! Wir haben einige Verhaltenstipps für potentiell brisante Situationen im Pflegebereich zusammengestellt:

Bei Aufnahme:
Wenn man einen Menschen zum ersten Mal trifft, fällt es schwer, ihn einzuschätzen. Dies ist in Aufnahmesituationen der Fall.
Deshalb sollten bei Aufnahme einige Sicherheitstipps beachtet werden:

- Den Patienten nicht allein lassen.
- Im Aufnahmegespräch auf Körpersprache und Anzeichen von Anspannung/Aggressivität achten.
- Ggf. durchsuchen (je nach Stationsordnung).
- Gefährliche Gegenstände aus dem Aufnahmezimmer entfernen.

Durchsuchung
Durchsuchungen von Patienten gehören auf vielen psychiatrischen Stationen (v.a. in der Forensik oder in Fachabteilungen für Abhängigkeitserkrankungen) zum Aufnahmestandard.
Der Patient ist selbstverständlich über jede Maßnahme zu informieren, es sei denn, es besteht „Gefahr im Verzug"!
Die Intensität der Durchsuchung richtet sich selbstverständlich nach den Stationsregeln, der Einschätzung des ausführenden Pflegepersonals und ggf. der ärztlichen Anordnung.

Fixierung von Patienten
Die Fixierung eines Patienten darf nur nach ärztlicher Anordnung durchgeführt werden, es sei denn, die Maßnahme ist zur Abwehr einer unmittelbar drohenden und erheblichen Gefahr nicht bis zur ärztlichen Entscheidung aufschiebbar. Jedoch ist das Pflegepersonal verpflichtet, die ärztliche Entscheidung unverzüglich herbeizuführen. Hier sind klinikinterne Standards und die jeweiligen Landesunterbringungsgesetze zu beachten (z.B. PsychKG NRW).
Um eine Fixierung für Patienten und Personal so sanft und schonend wie möglich zu gestalten, sind hier einige Vorschläge zur Strukturierung:
Die Fachliteratur macht unterschiedliche Angaben darüber, wie viele Mitarbeiter an der Fixierung eines Patienten beteiligt sein sollten. Die Empfehlungen reichen

von drei bis vier gut geschulten Mitarbeitern bis hin zu möglichst vielen. (*Quantität statt Qualität, es wird darauf spekuliert, dass ein renitenter Patient sich durch die schiere Masse an Personal einschüchtern lässt.*) Wir halten eine Beteiligung von vier bis fünf Pflegepersonen, welche koordiniert vorgehen, in den meisten Fällen für angemessen. Weitere Kollegen können als „Reserve" fungieren, sichern, dem Arzt bei der Applikation von Medikamenten assistieren oder neugierige Mitpatienten fernhalten. Bei einer geplanten Fixierung, d.h., wenn der Patient nicht aufgrund einer Impulsreaktion augenblicklich ohne Planungsphase fixiert werden muss, empfiehlt es sich, einzuteilen, welcher Mitarbeiter wo zugreift. Beispielsweise Mitarbeiter A greift rechten Arm, Mitarbeiter B linkes Bein usw. Auf diese Art und Weise steht man sich nicht gegenseitig im Weg, jeder weiß, was er zu tun hat und man gerät nicht in Gefahr, versehentlich den Fuß des Kollegen zu fesseln. (*Dies soll tatsächlich bereits vorgekommen sein!*) Aber auch bei „unvorhergesehenen" Fixierungen, bei denen keine detaillierte Planung möglich ist, ist es hilfreich, zumindest kurze Absprachen zu treffen, wer die Rolle des „Sprechers" übernimmt, wer wo zugreift usw.

Bevor der Zugriff erfolgt, wird der Patient zunächst über die geplante Maßnahme und ihre Begründung informiert. Darauf folgt die Aufforderung, er möge sich auf das vorbereitete Bett legen. Hierbei sollte eine Pflegeperson aus der Gruppe die Rolle des Sprechers übernehmen, um den Patienten nicht durch „wildes Auf-ihn-einreden" zusätzlich zu verwirren. Die Tonlage und Wortwahl sollte höflich und bestimmt sein. Kommt der Patient der Aufforderung nach und lässt sich ohne Widerstand fixieren, ist es hervorragend gelaufen. Doch dies ist leider nicht immer der Fall. Weigert er sich, leistet gar Widerstand, sollte zügig und kompromisslos gehandelt werden. Auf ein Kommando (vorher verabredetes Zeichen) des Sprechers der Gruppe greifen alle Pflegerpersonen „ihre" Extremität, legen den Patienten auf das Fixierbett und beginnen unverzüglich mit der Fesselung. Hat man einen Arm oder ein Bein gefesselt, kurze Information an die Kollegen (z.B. „rechtes Bein fest!"). Von da an assistiert derjenige seinen Kollegen oder sichert weiter den Patienten. Die Kenntnis über Schutz- und Eingriffstechniken sowie taktisches Vorgehen erweisen sich als deutlich vorteilhaft.

Das A und O bei jeder Fixierung, genau wie bei jeder Anwendung des unmittelbaren Zwanges, ist die Verhältnismäßigkeit der Mittel. Das heißt, es ist absolut unzulässig und unangebracht, einen Patienten bei einer Fixierung zu schlagen, zu treten oder sonst wie zu verletzen. In einer Situation, in der eine Pflegekraft von einem aufgebrachten, mit einem abgeschlagenen Flaschenhals bewaffneten Pati-

enten in die Ecke getrieben wurde und möglicherweise um Leben und Gesundheit kämpft, sieht die Rechtslage unter Umständen anders aus. Dies bedeutet „Verhältnismäßigkeit der Mittel“.
Ist der Patient dann fixiert, wird der Sitz der Gurte nochmals kontrolliert (Faustregel: Ein Finger passt unter den Handgurt, eine Hand unter den Bauchgurt). Anschließend folgt eine genaue Dokumentation der Maßnahme, sowie die Evaluation im Team.
Der fixierte Patient ist unter ständiger Sichtkontrolle unterzubringen. Des weiteren sind Vitalzeichen und Allgemeinzustand engmaschig zu überprüfen, dem Patienten die Nahrungsaufnahme, Ausscheidung (ggf. Steckbecken oder Urinflasche) zu ermöglichen. Generell gilt: Eine Fixierung soll so kurz wie möglich und so lange wie nötig aufrechterhalten werden.
Eine Nachbesprechung der Zwangsmaßnahme sollte auch mit dem Patienten erfolgen, sobald sein Zustand dies erlaubt. Fixierungen werden von vielen Patienten als Trauma erlebt, welches eine Nachbesprechung dringend erfordert.

Laut dem Gesetz über Hilfen und Schutzmaßnahmen bei psychischen Krankheiten (PsychKG NRW) ist eine Fixierung oder Isolierung „sofort aufzuheben, sobald die Voraussetzungen für ihre Anordnung entfallen“.

Transporte

Manchmal müssen Patienten/Bewohner mit Fahrzeugen in andere Kliniken verlegt, externen Ärzten vorgestellt oder andersweitig transportiert werden.
Besonders bei fluchtgefährdeten (Psychiatrie, Forensik) oder verwirrten (Altenpflege-, Behindertenbereich) Patienten, bzw. Bewohnern, stellen Transporte unter Umständen ein Risiko dar.
Es empfiehlt sich, sich bereits im Vorfeld über verschiedene Dinge Gedanken zu machen:

- Ist es sinnvoller, zwei Begleiter mitzuschicken?
- Hat das Fahrzeug eine Kindersicherung?
- Auf welchem Sitzplatz sind die Fluchtmöglichkeiten am geringsten?
- Sind zusätzliche Sicherungsmaßnahmen erforderlich (z.B. Fixierung auf einer Krankentrage)?

Psychiatrische Unterbringungsgesetze der Länder

In Schulungsveranstaltungen für psychiatrisch tätiges Pflegepersonal hört man oft Sätze „Ja aber wir dürfen uns doch nicht wehren!“, „Meine Berufsethik als

Krankenschwester verbietet es mir, Gewalt und Zwang anzuwenden!" oder sogar „Notwehr gilt nicht für die Psychiatrie!". All diese Sätze sind falsch! Der Satz, dass es verboten sei, Zwang auszuüben, wird durch die Unterbringungs- bzw. Psychisch-Kranken-Gesetze der Bundesländer widerlegt. Exemplarisch ist hier das „Gesetz über Hilfen und Schutzmaßnahmen bei Psychischen Erkrankungen des Landes Nordrhein Westfalen" (PsychKG NRW) aufgeführt. Die Unterbringungsgesetze tragen verschiedene Namen, ähneln sich inhaltlich aber sehr. Im Saarland heißt das Gesetz „Unterbringungsgesetz", in Hessen „Hessisches Freiheitsentziehungsgesetz". Das PsychKG regelt neben den Hilfen, Schutzmaßnahmen und Unterbringungsregelungen für psychisch kranke Patienten auch den Umgang mit Zwangs- und besonderen Sicherungsmaßnahmen. Das Gesetz legt klar fest, in welchen Fällen Fixierungs- und somit Gewaltanwendung zulässig ist, nämlich „bei einer gegenwärtigen erheblichen Selbstgefährdung oder einer gegenwärtigen erheblichen Gefährdung bedeutender Rechtsgüter anderer".
Weitere wichtige Gesetzestexte bezüglich des Umgangs mit Zwang und Gewalt in vielen Berufsfeldern beinhaltet das Verwaltungsvollstreckungsgesetz (VwVG).

3.4 Sozialer / Schulischer Bereich

> *„Nicht schief gehen!", ermahnte die Krebsmutter ihren Sohn. „Und du sollst auch nicht dein Bein am feuchten Felsen quer schleifen!" Der Sohn entgegnete: „Frau Lehrerin und Mutter, erst gehe selbst gerade. Wenn ich das gesehen habe, will ich es gerne nachmachen!"*

Im sozialen und im schulischen Bereich hat man oft über lange Zeit mit den gleichen Personen zu tun. In einigen Bereichen sind es dann auch ein „ganzer Haufen schwieriger Personen". Hier sind Eskalationen häufiger, weil es eine „normale" Problemlösestrategie dieser Menschen ist. Im sozialen und im schulischen Bereich hat der Mitarbeiter aber die Möglichkeit, dies durch Beziehungsarbeit auszugleichen. Wichtig ist auch hier:

Wehret den Anfängen - Vorbeugung ist besser als Nachsorge

3.4.1 Soziale Arbeit

Der Komponist Hans Pfitzner vollendete 1917 seine Oper „Palestrina“, zu der er auch den Text schrieb. Die „musikalische Legende“, wie Pfitzner selbst das Bühnenstück nannte, gilt unbestritten als sein Hauptwerk. Als es in München uraufgeführt wurde, sagte der stolze Komponist zu seinem Kollegen Richard Strauss: „Zehn Jahre härtester Arbeit stecken in diesem Werk.“ Doch Strauss zeigte sich unbeeindruckt: „Ja, warum komponieren Sie denn, wenn es Ihnen so schwer fällt?“

Über Gewalt gegen Mitarbeiter in der Sozialen Arbeit findet man recht wenige Informationen. Jeder, der in diesem Bereich arbeitet, weiß aber, dass es sie gibt. In der Sozialen Arbeit haben Sie meist schwierige Kunden oft mit dem Hang Probleme gewalttätig zu lösen. Gerade in den Bereichen, in denen Sie in Persönlichkeitsrechte eingreifen oder daran beteiligt sind, kann es Eskalationen geben:

- Sie nehmen als Jugendamtsmitarbeiter die Kinder aus einer Familie.
- Sie möchten, dass Ihre Kunden sich an die Regeln halten.
- Sie sagen, als Bewährungshilfe, dass die Auflagen nicht erfüllt wurden und Ihr Kunde „deshalb“ ins Gefängnis muss.
- Sie befürworten vor Gericht als Jugendgerichtshilfe, dass schädliche Neigungen vorhanden sind und der Jugendliche „deshalb“ ins Jugendgefängnis kommt.
- Sie geben einem Jugendlichen Hausverbot in Ihrer Einrichtung.
- Ihr Kunde beim JobCenter / bei der Arbeitsagentur bekommt „wegen“ Ihnen kein Geld.
- Sie lassen Ihren Kunden nicht in Therapie oder ins Methadonprogramm.
- Sie bearbeiten wichtige Papiere eines Kunden zu langsam.
- Usw. usw. usw.

Nach der **Broken-Window-Theorie** (engl. zerbrochenes Fenster) sollten Sie sich bereits frühzeitig einschalten, um weitere Eskalationen zu verhindern. Die Broken-Windows-Theorie bezeichnet ein Konzept, das beschreibt, wie ein vergleichsweise harmloses Phänomen, z.B. ein zerbrochenes Fenster in einem leerstehenden Haus, später zu völliger Verwahrlosung führen kann:

- Wenn irgendwo Müll liegt, wird Müll dazu geworfen.
- Wenn irgendwo dreckiges Geschirr liegt, wird weiteres dreckiges Geschirr dazugepackt.
- Wenn irgendwo Graffitis gemalt wurden, kommen schnell neue Graffitis dazu.
- Wenn ein Auto beschädigt ist, verleitet es dazu, es noch mehr zu beschädigen.

Für den Sozialarbeiter ist zusätzlich wichtig, ob er jemanden im beruflichen Kontext anzeigen kann oder ob er gegen seine eigenen Kunden aussagen muss. Die **Schweigepflicht** für Sozialarbeiter und Sozialpädagogen ist in §203 Strafgesetzbuch (StGB) geregelt. Danach wird mit Freiheitsstrafe oder mit Geldstrafe bestraft, wer unbefugt ein fremdes Geheimnis, insbesondere wenn es zum persönlichen Lebensbereich gehört, offenbart, das ihm in seiner Berufstätigkeit bekannt geworden ist. Diese Strafvorschriften werden nicht wirksam, wenn der Betroffene der Weitergabe seines Geheimnisses zugestimmt hat oder wenn ein Gesetz zur Weitergabe verpflichtet, etwa §138 StGB oder §124 Bundessozialhilfegesetz, wenn die Weitergabe nach §34 StGB gerechtfertigt ist oder ein Zeugnisverweigerungsrecht fehlt. Diese Schweigepflicht gilt außerdem für Angehörige anderer Berufe wie zum Beispiel Ärzte, Rechtsanwälte, Psychologen, Steuerberater und für die Inhaber bestimmter Funktionen wie Berater in Ehe-, Erziehungs-, Familien- oder Suchtberatungsstellen. Neben dem Datenschutz, zum Beispiel in der Form des Schutzes der Sozialdaten nach dem Sozialgesetzbuch, 10. Buch (SGB X), und der Schweigepflicht nach §203 StGB sind zusätzlich noch Vorschriften zum Schutz des Dienst- oder Amtsgeheimnisses nach §39 Beamtenrechtsrahmengesetz (BRRG) oder §3 Tarifvertrag für den öffentlichen Dienst (TVöD) zu berücksichtigen. Darüber hinaus werden solche privaten Geheimnisse aber auch durch die Regelungen des §35 SGB I (Sozialgeheimnis) und die §§67 ff. SGB X (Schutz der Sozialdaten) geschützt. Aber auch Verschwiegenheitspflichten als arbeitsrechtliche vertragliche Nebenpflichten aus der Treuepflicht des Arbeitnehmers sind zu nennen. Eine Anzeigepflicht gem. §138 StGB besteht nur ausnahmsweise, und zwar für eine kleine Gruppe schwerster geplanter Straftaten wie z.B. Mord, Völkermord oder Raub. Ein Delikt, das Sozialarbeiter, die mit Jugendlichen arbeiten, häufig in ihrer Praxis begegnet, ist das sog. „Jacke abziehen". Der Gesetzgeber definiert dieses Delikt als Raub, im Falle des Einsatzes einer Waffe als schweren Raub. Jedoch bleibt gem. §139 Abs.4 StGB straffrei, wer die Tat anders abwendet. In einer Jugendhilfeeinrichtung wird beispielsweise das Gespräch bei einem bekannt gewordenen Raubplan die sozialarbeiterische Methode der Wahl sein. Wenn es gelingt, durch Gespräche die Jugendlichen von ihrer geplanten Tat abzuhalten, muss keinesfalls angezeigt werden. Für Sozialarbeiter besteht grundsätzlich - wie für jeden anderen Bürger - keine rechtliche Verpflichtung, vollendete, abgeschlossene Straftaten, von denen sie anlässlich ihrer beruflichen Tätigkeit Kenntnis erhalten haben, bei den Strafverfolgungsbehörden anzuzeigen. Insofern wird der Bruch der Schweigepflicht nicht dadurch rechtfertigt, dass ein Sozialarbeiter eine vollendete, abgeschlossene Straftat anzeigen möchte. Werden Sozialarbeiter in einem Strafverfahren als Zeugen gehört, müssen sie wahrheitsgemäße Angaben machen und dürfen nichts verschweigen, da sie nicht zu einer der in §53 StPO aufgeführten Berufsgruppen gehören. Als Ausnahme wird das Zeugnisverweigerungsrecht nur Sozialarbeitern zugebilligt, die in anerkannten Beratungsstellen nach §3 des Gesetzes über Aufklärung, Verhütung, Familienplanung und -beratung und der Drogenberatung tätig sind. Sofern Sozialarbeiter Beschäftigte des öffentlichen Dienstes sind, dürfen sie als Zeugen über Umstände, die sich auf ihre Pflicht zur Amtsverschwiegenheit beziehen, nur aussagen, wenn der Dienstvorgesetzte eine Aussagegenehmigung erteilt hat (§54 StPO).

3.4.2 Schule

Die Situation an deutschen Kindergärten und Schulen wird immer schlimmer. Da wird gekifft, gesoffen, beschimpft und geprügelt. Von Sozialverhalten keine Spur. Und die Kinder sind auch nicht viel besser!

Die Strafanzeigen „Körperverletzung“ nehmen nach Statistiken vom Bundeskriminalamt seit 20 Jahren kontinuierlich zu. Aber hat damit auch die Gewalttätigkeit an Schulen zugenommen? Laut Presse: „Auf jeden Fall!“ Aber vielleicht hat das Anzeigeverhalten nur zugenommen, es gibt nämlich auch andere Untersuchungsergebnisse.

Die körperliche Gewalt an Schulen hat nach einer empirischen Untersuchung des Bundesverbandes der Unfallkassen (BUK) in den letzten zehn Jahren bundesweit abgenommen. Besonders deutlich ist der Rückgang bei den Hauptschulen. Dort sank die Raufunfallrate (Anzahl der Raufunfälle je 1.000 Schüler) von 48,6 im Jahr 1993 auf 32,8 im Jahr 2003. Sie ist aber nach wie vor deutlich höher als bei allen anderen Schularten. Auch eine Zunahme der Brutalität in den Auseinandersetzungen konnte der Bundesverband nicht feststellen. Untersucht wurden alle Unfälle an Gymnasien, Grund-, Haupt-, Sonder- und Realschulen, die

Folge aggressiven Verhaltens zwischen Schülern waren und bei denen ein Arzt hinzugezogen werden musste. Diese Ergebnisse wurden mit den Zahlen aus den Vorjahren seit 1993 verglichen. So verzeichnete der Bundesverband der Unfallkassen im Jahr 2003 insgesamt 93.295 Raufunfälle, das waren 11,3 Unfälle pro 1.000 Schüler. Trotz des Rückganges blieben die Hauptschulen Spitzenreiter der Gewaltstatistik. Danach folgten Sonder- und Realschulen. Grundschulen (4,9) und Gymnasien (5,7) wiesen die weitaus geringsten Raufunfallraten auf. Vor allem Jungen waren an den Unfällen beteiligt. Ihre Raufunfallrate war doppelt so hoch wie die der Mädchen (15,3 zu 7,1). Am höchsten war die Rate in der Altersgruppe der 11- bis 15-jährigen Jungen. Die meisten Raufereien ereigneten sich während der Pausen auf dem Schulhof, viele aber auch beim Schulsport. Die oft angestellte Vermutung, die Brutalität der Auseinandersetzungen nehme zu, konnte vom BUK nicht bestätigt werden. Die Frakturenquote als Maßstab für schwere Verletzungen hatte sich in keinem Schultyp erhöht. Sie war tendenziell sogar abnehmend.

Um eine Schule, einen Kindergarten oder eine soziale Einrichtung gewaltärmer zu bekommen, nutzt es nicht für die „bösen“ Jungs ein Anti-Gewalt-Training zu organisieren. Es sollte viel mehr geschehen. Die Regeln werden von den Erwachsenen gemacht und wenn diese eine Einheit sind, kann viel erreicht werden. Wichtig ist dabei Folgendes:

- Warmherzigkeit, Interesse und Engagement der Erwachsenen
- klare Grenzen für unakzeptables Verhalten
- konsequente, aber nicht feindselige Reaktionen bei Regelverletzungen
- ein gewisses Maß an Beobachtung und Kontrolle
- Erwachsene, die auch als Autoritäten handeln

Für ein besseres Schulklima muss auf verschiedenen Ebenen gearbeitet werden:

- die Schulebene (z.B. eine verbesserte Pausenaufsicht, Lehrerfortbildungen, Besprechung von Verhaltensregeln und Maßnahmen zwischen Lehrern und Eltern)
- die Klassenebene (z.B. Regeln gegen störendes und aggressives Verhalten, Streitschlichtung, Rollenspiele zum sozialen Problemlösen, kooperative und gewaltpräventive Lernformen)
- die Ebene des einzelnen Schülers (z.B. ernsthafte Gespräche mit aggressiven Schülern und ihren Eltern, gezielte Unterstützung von Opfern, schulpsychologische Maßnahmen, Zusammenarbeit mit dem Jugendamt)

Gem. § 53 Schulgesetz NRW (in jedem Bundesland gibt es vergleichbare Gesetze) dienen erzieherische Einwirkungen und Ordnungsmaßnahmen der geordneten Unterrichts- und Erziehungsarbeit der Schule, sowie dem Schutz von Personen und Sachen. Der Grundsatz der Verhältnismäßigkeit ist zu beachten. Einwirkungen gegen mehrere Schülerinnen und Schüler sind nur zulässig, wenn das Fehlverhalten jeder oder jedem Einzelnen zuzurechnen ist. Zu den **erzieherischen Einwirkungen** gehören insbesondere das erzieherische Gespräch, die Ermahnung, Gruppengespräche Schülern und Eltern, die mündliche oder schriftliche Missbilligung des Fehlverhaltens, der Ausschluss von der laufenden Unterrichtsstunde, die Nacharbeit unter Aufsicht nach vorheriger Benachrichtigung der Eltern, die zeitweise Wegnahme von Gegenständen, Maßnahmen mit dem Ziel der Wiedergutmachung angerichteten Schadens und die Beauftragung mit Aufgaben, die geeignet sind, das Fehlverhalten zu verdeutlichen. Bei besonders häufigem Fehlverhalten eines Schülers oder gemeinschaftlichem Fehlverhalten der Klasse oder Lerngruppe soll den Ursachen für das Fehlverhalten in besonderer Weise nachgegangen werden. **Ordnungsmaßnahmen** sind 1. der schriftliche Verweis, 2. die Überweisung in eine parallele Klasse oder Lerngruppe, 3. der vorübergehende Ausschluss vom Unterricht von einem Tag bis zu zwei Wochen und von sonstigen Schulveranstaltungen, 4. die Androhung der Entlassung von der Schule, 5. die Entlassung von der Schule, 6. die Androhung der Verweisung von allen öffentlichen Schulen des Landes durch die obere Schulaufsichtsbehörde und 7. die Verweisung von allen öffentlichen Schulen des Landes durch die obere Schulaufsichtsbehörde.

3.4.3 Konflikte zwischen Jugendlichen

Ibo-Naw fragte seinen Lehrer Ad-oy: „Meister, ist es gut, wenn man viel spricht?" – „Welchen Sinn soll es haben, viele Worte zu machen?" entgegnete Ad-oy. „Schau dir den Frosch im Teich an. Er quakt den ganzen Tag und die ganze Nacht, bis seine Zunge trocken ist. Aber niemand hört ihm zu. Der Hahn im Hühnerstall hingegen kräht nur zwei oder drei Mal bei Tagesanbruch. Aber jeder hört auf ihn, denn jeder weiß, dass jetzt der Tag beginnt. Und so solltest auch du nur dann reden, wenn es einem Ziel dient."

Die Erzieher, Pädagogen und Lehrer haben eine Verantwortung gegenüber den Kindern, den erziehungsberechtigten Eltern und der Gesellschaft. Sie sind Vorbild und formen an unserer zukünftigen Lebenswelt.
Sich Einzumischen ist Pflicht des Privatbürgers und erst recht die Pflicht der dafür bezahlten Kräfte. Eigensicherung geht aber auch hier immer vor. Zwei vierjährige Mädchen auseinander zu bringen ist wahrscheinlich ungefährlicher als fünf 16-jährige junge Männer in einem wilden Gerangel zu stoppen. Viele Tipps sind bereits im Kapitel „Fremddeeskalation“ benannt, doch mit Ihnen bekannten Kindern und Jugendlichen gibt es noch einige Feinheiten zu beachten:

Genau hinsehen und sich einmischen
Aufmerksam wahrnehmen. Genau hinsehen, wenn Jungen oder Mädchen sich prügeln. Ist das Spaß für alle Beteiligten oder Ernst? Wenn sich Jungen in den Gruppen prügeln oder wenn Jungen Mädchen belästigen, ist das häufig Ernst und nicht Spiel oder Spaß. Deshalb nicht wegsehen, sondern als Vor-bild und/oder Pädagoge persönlich Stellung beziehen. Personale Konfrontation: Sich als Pädagoge ohne „pädagogischverständnisvolle“ Fassade bemerkbar machen. Nicht: „Du, ich weiß, dass Du sauer bist, aber ich finde das irgendwie nicht gut jetzt.“ sondern: „Schluss jetzt!“ oder: „Hört auf!“

Eigensicherung
Achten Sie auf Ihre Sicherheit. Bei Auseinandersetzungen von Jugendgruppen, mit Waffengewalt oder unter Drogeneinfluss ist es lebensgefährlich. Auch unabsichtliche Schläge und Tritte von Jugendlichen können stark verletzten. Niemals von hinten an einen Streitenden treten. Er kann nicht wissen, dass Sie nur gute Absichten haben. Also nur nähern, wenn Sie sich im Sichtfeld der Kontrahenten befinden. Im Extremfall erst Hilfe holen, bevor Sie selbst verletzt werden.

Als Team zusammenhalten
Grenzsetzungen durchsetzen. Keine Angriffe und Drohungen gegen Intervenierende zulassen. Schulterschluss der Pädagogen deutlich machen: „Grobheiten dulden wir hier alle nicht!“, „Beherrsch´ dich!“, „Nimm dich zusammen!“. Im Idealfall als Team zusammen arbeiten. Ein Pädagoge kümmert sich jeweils um einen der „Streithähne“. Keine Diskussionen im Team bei einer Eskalation zustande kommen lassen, sondern zusammenhalten!

Klare und kurze Sätze
Unter Stress versteht der Mensch keine langen Ansprachen. Deshalb: kurze und klare Ansagen. Ruhig auch immer wieder den gleichen Satz Hier bietet sich die Technik der kaputten Schallplatte an. Sie wiederholen den gleichen kurzen Satz immer und immer wieder.

Namen nennen
Reden Sie die Kontrahenten mit Ihren Namen an. Dies kann den Stress mindern. Aus eigener Erfahrung wissen wir, dass wir plötzlich aufhorchen, wenn in einem weiter entfernten Gesprächskreis unser eigener Name fällt. Versicherungsvertreter versuchen mehr Nähe zu schaffen, indem sie uns oft mit unserem Namen ansprechen. Rumpelstilzchen und einige afrikanische Stämme nennen gegenüber Fremden ihre Namen nicht, weil sie wissen, dass diese dann Macht über sie haben. Also sprechen Sie die Kontrahenten mit Namen an!

Trennung der Kontrahenten
Den Blickkontakt der Streiter unterbrechen. Beide räumlich trennen, um erneute Gewalthandlungen zu verhindern und emotionale Abkühlung zu schaffen. Zuschauer immer sofort weg schicken. Täter und Opfer müssen sofort getrennt werden. Am besten das vermeintliche Opfer herausholen und in einen geschützten Raum bringen. (Vorsicht: Auch das Opfer kann Racheaktionen starten!)

Den eigenen Einfluss aufrechterhalten
Die Interventions-Maßnahmen erst beenden, wenn die Situation deeskaliert ist. Ruhe, äußere Ordnung, Körperbesinnung (Rückzug, Sachen richten, auf Atem und Herzklopfen achten) gewähren. Keine Bagatellisierung akzeptieren wie: „War doch nicht so schlimm“ oder „Ist doch nichts passiert“, sondern „Hier geblieben! Heute noch wird der Streit geklärt, dann könnt ihr gehen.“ „Gewalt macht Feinde! Das muss erst wieder in Ordnung gebracht werden.“ In die Verantwortung nehmen und Konsequenzen deutlich machen. „Das ist hier kein Spaß. Dazu musst du dich verantworten“. „Eine schlimme Sache mit Schmerzen, Schock und Tränen. Zu diesem Vorfall musst du stehen.“ „Der Tatbestand war Raub (Körperverletzung, usw.).“

Ernst nehmen

Im übertragenen Sinne: „Ich nehme dich mit dem, was du sagst oder tust, beim Wort und ernst!“ Auch die Gewalthandlung mit ihrer interpersonalen Aussage wörtlich nehmen und damit das Kind für seine Gewalthandlung verantwortlich machen. In keinem Fall beschönigen.

Begleitung nach dem Gewaltende

Der Pädagoge soll nicht aus dem Kontakt davonschleichen, sondern im Kontakt bleiben, bis die Situation deeskaliert ist, bis klar ist „Meine Intervention ist angekommen!“ Nicht die Gruppe wieder zusammenkommen lassen, wenn damit gerechnet werden muss, dass weiter Gewalt angewendet oder belästigt wird. Schaffen Sie im Idealfall Abreaktionsmöglichkeiten (Boxsack, Kickern, usw.). Gespräche mit eventueller Entschuldigung sind frühestens nach 30 Minuten sinnvoll, weil dann der Hormonhaushalt sicher wieder beruhigen konnte (siehe Kapitel „Stressbiologie“).

Konsequenz

Eine Ankündigung ist keine leere Drohung. Sie muss auch umgesetzt werden! Neben den bekannten Maßnahmenkatalog gem. Schulgesetz verantworten sich Streiter an einigen Schulen in Gegenüberstellung mit dem Streitgegner mit Hilfe von Lehrer-Mediatoren, Konfliktlotsen, Mitarbeitern der Schulstationen oder vor dem Klassenrat.

Auch Auflagen, Hausverbote und andere Aufgaben sollten verhängt werden, wenn diese angedroht worden sind. Im Idealfall wissen die Kinder/Jugendlichen welche Konsequenzen welcher Regelverstoß nach sich zieht.

Brutale Gewaltstraftaten sollten Sie melden und dies „versaut“ auch nicht das Leben des jungen Menschen. Nach dem Jugendgerichtsgesetz dauert es sehr lange bis ein Jugendlicher oder ein Heranwachsender (bis zum 21. Lebensjahr) einen Eintrag ins polizeiliche Führungszeugnis bekommt. Erst wenn dieser eine Jugendstrafe ohne Bewährung bekommt, wird dies ins Führungszeugnis eingetragen. Arbeitsstunden, Geldbußen, Trainingskurse, Freizeitarrest, Dauerarrest und Bewährungsstrafen bis zu zwei Jahren sind hautsächlich Erziehungsmaßnahmen und führen zu keiner Vorstrafe, d.h. es gibt keinen Eintrag ins Führungszeugnis und der junge Mensch kann sich ganz „normal“ bewerben. Gleichzeitig laufen auch pädagogische Maßnahmen, die den Jugendlichen unterstützen sollen.

4 Zusammenfassung

„Da steh ich nun, ich armer Tor, und bin so klug als wie zuvor."
(Johann Wolfgang von Goethe)

Wehret den Anfängen - Vorbeugung ist besser als Nachsorge
Achten Sie immer auf sich und Ihre Kollegen.

Beschäftigen Sie sich mit den Themen Kommunikation und Deeskalation.
Besuchen Sie Kurse, lesen Sie Bücher usw.

Erarbeiten Sie ein Gewaltvorbeugungskonzept mit Unterstützung Ihrer Kollegen, Vor-gesetzen und eventuell professioneller Hilfe.

Bedenken Sie: Uniformen und Waffen erschweren immer eine Deeskalation.

Schärfen Sie Ihre Wahr-nehmung.
Je eher Sie eine Eskalation wahrnehmen, desto einfacher ist die Deeskalation.

Eigensicherung ist das oberste Gebot.

Achten Sie auf Ihr Bauchgefühl, Ihre Intuition.

Beruhigen Sie sich selbst.

Achten Sie auf Ihre Körpersprache, Mimik, Gestik und Stimme.

Ihre Haltung (Geistes- und Körperhaltung) ist schon die erste Möglichkeit einer Deeskalation.

Beziehungsarbeit ist als die beste Gewaltprävention mit Langzeitwirkung zu sehen.

Eine positive Einstellung zu Menschen und ein guter Kontakt sind die besten Sicherungen zur Verhinderung einer Eskalation.

5 Informationen

„Der wahre Zweck eines Buches ist, den Geist hinterrücks zum eigenen Denken zu verleiten." (C. D. Morley)

Da wir wissen, dass unser Buch nicht vollständig ist und einige Entwicklungsmöglichkeiten hat, verweisen wir hier auf weitere Informationen.

5.1 Theorieliteratur

„Theoretisch gibt es keinen Unterschied zwischen Theorie und Praxis. Praktisch schon." (Charles Faulkner)

- Abderhalden C. / Needham I. (Hrsg.): **Psychiatrische Pflege - Verschiedene Settings, Partner, Populationen**; Unterostendorf 2005
- Bandura, Albert: **Aggression**; Stuttgart 1979
- Benkert O. / Hippius H.: **Kompendium der psychiatrischen Pharmakotherapie**; Berlin 1998
- Dörner K: **Die Würde des Menschen im psychiatrischen Alltag**; Göttingen 1989
- Gaebel W. / Müller-Spahn F. (Hrsg.): **Diagnostik und Therapie psychischer Störungen**; Köln 2002
- Goffman E.:Asyle. **Über die soziale Situation psychiatrischer Patienten und anderer Insassen**; Frankfurt 1972
- Gugel, Günther: **Gewalt und Gewaltprävention**; Tübingen 2006
- Heckmair, Bernd / Michl, Werner: **Erleben und lernen**; Berlin 1998
- Hücker, Fritz: **Rhetorische Deeskalation**; Nehren 2005
- Hurrelmann, Klaus: **Lebensphase Jugend**; Weinheim 1999
- Jehn, Otto / Kilb, Rainer / Weidner, Jens (Hrsg.): **Gewalt im Griff III**; Weinheim 2003
- Kernspecht, Keith R.: **Der Letzte wird der Erste sein**; Burg / Fehmarn 2004

- Ketelsen R. / Schulz M. Zechert C.: **Seelische Krise und Aggressivität**; Bonn 2004
- Kilb, Rainer / Kreft, Dieter / Weidner, Jens (Hrsg.): **Gewalt im Griff I**; Weinheim 1997
- Kumbier, D. / Schulz von Thun, F. (Hrsg.): **Interkulturelle Kommunikation**; Hamburg 2006
- Lorenz K.: **Das sogenannte Böse**; München 1998
- Nedopil N.: **Forensische Psychiatrie**; Stuttgart 2000
- Nietsche F. / Colli G. / Montinari M. (Hrsg.): **Werke, kritische Gesamtausgabe Band 1**; München 2005
- O´Connor, Joseph / Seymour, John: **Neurolinguistisches Programmieren**; Freiburg 2004
- Richter D. / Whittington R. (eds.): **Violence in Mental Health Settings: Causes, Consequences, Management**; New York
- Richter D.: **Patientenübergriffe auf Mitarbeiter psychiatrischer Kliniken**; Freiburg im Breisgau 1999
- Sauter D. / Richter D. (Hrsg.): **Gewalt in der psychiatrischen Pflege**; Göttingen 1992
- Schädle-Deiniger H.: **Fachpflege Psychiatrie**; München 2006
- Schädle-Deininger H. / Villinger U.: **Praktische psychiatrische Pflege**; Bonn 1997
- Schubart, Wilfried: **Gewaltprävention in Schule und Jugendhilfe**; Brühl 2000
- Schulz von Thun, F. : **Miteinander Reden 1 - 3**; Hamburg 2006
- Vieten M, Schramm A. (Hrsg.): **Pflege konkret Neurologie Psychiatrie**; München 2001
- Weidner, Jens: **Anti-Aggressivitäts-Training für Gewalttäter**; Bonn 1997
- Willig W.: **Arbeitstexte für Psychologie Soziologie Pädagogik an Pflegeschulen**; Balingen 1986

5.2 Praxisliteratur

„Die Praxis sollte das Ergebnis des Nachdenkens sein, nicht umgekehrt.“ (Hermann Hesse)

- Bärsch, Sibylle / Bärsch, Tim: **Theorien zur Gewalt**; Schwerte 2007
- Bongartz, Ralf / Meis, Mona Sabine / Rhode, Rudi: **Angriff ... ist die schlechteste Verteidigung**; Paderborn 2003
- Braune-Krickau, Michael / Langmaack, Barbara: **Wie die Gruppe laufen lernt**; Weinheim 1995
- Doenges M. / Moorhouse M. / Geissler-Murr A. / Abderhalden C. / Rička R. (Hrsg.): **Pflegediagnosen und Maßnahmen**; Bern 2002
- Feustel, Bert / Komarek, Iris: **NLP-Trainingsprogramm**; München 2006
- Gewalt Akademie Villigst (Hrsg.): **Impulse und Übungen - Teil 1 - 3**; Schwerte 2001 – 2006
- Gilsdorf, Rüdiger / Kistner, Günter: **Kooperative Abenteuerspiele 1 + 2**; Seelze-Veber 2002/3
- Grabs, Roland: **Sportjugend gegen Gewalt**; Duisburg 1997
- Hofinger, Gesine (Hrsg.): **Kommunikation in kritischen Situationen**; Frankfurt 2005
- Karkalis, André / Kernspecht, Keith R.: **Verteidige Dich3 - Selbstverteidigung für Frauen**; Burg / Fehmarn 2003
- Kernspecht, Keith R.: **BlitzDefence - Die Strategie gegen den Schläger;** Burg / Fehmarn 2000
- Korn J. / Mücke T.: **Gewalt im Griff 2 – Deeskalations- und Mediationstraining**; Weinheim 2005
- Küstenmacher, Werner Tiki / Swiwert, Lothar J.: **simplify your life**; München 2004
- Lohmann, Friedrich: **Konflikte lösen mit NLP**; Paderborn 2003
- Maeyer, Gregie de / Vanmechelen, Koen: **Juul**; Weinheim 1997
- Meis, Mona Sabine / Rhode, Rudi: **Wortlos sprechen**; Ulm 2004
- Posselt, Ralf-Erik: **Gewalt löst keine Probleme**; Schwerte 2000
- Reiners, Annette: **Praktische Erlebnispädagogik - Neue Sammlung motivierender Interaktionsspiele**; München 1993
- Riederle, Josef: **Kampfesspiele;** Schwerte 2003
- Rosenberg M.: **Gewaltfreie Kommunikation - Aufrichtig und einfühlsam miteinander sprechen**; Paderborn 2001
- Schlafhorst, Holger R. u.a.: **Der Umgang mit Menschen**; Ingelheim 2003

Buchempfehlung:

Bärsch, Sibylle / Bärsch, Tim: **Theorien zur Gewalt**; 2007
Forschungs-, Theorie-, Erklärungs- und Präventionsansätze
148 Seiten Wissen über Gewalt und Gewaltprävention für 5 €

Dieses Buch und die Bücher mit Verlagsort Schwerte sind nur über die Edition Zebra der Gewalt Akademie Villigst für jeweils 5 bis 10 € zu bekommen.
Tel.: 02304 - 755190
Fax: 02304 - 755295
Internet: www.gewaltakademie.de
Epost: g.kirchhoff@aej-haus-villigst.de

5.3 Internetseiten

„Erfolg besteht darin, dass man genau die Fähigkeiten hat, die im Moment gefragt sind." (Henry Ford)

www.aheyer.de
www.axel-dumschat.de
www.baer-sch.de
www.bayern.jugendschutz.de
www.coolness-training.de
www.dvnlp.de
www.ewto-gewaltpraevention.de
www.fassmichnichtan.de
www.faustlos.de
www.flora-silikat.de
www.friedenspaedagogik.de
www.gewaltakademie.de
www.holger-schlafhorst.de
www.jugend.essen.de
www.kfn.de
www.konfrontative-paedagogik.de
www.labor-k.de
www.lehrerinfo-bayern.de
www.lidia-bayern.de
www.lions-clubs.de
www.prof-jens-weidner.de
www.rabe-training.de
www.schulberatung.bayern.de
www.schulen.regensburg.de
www.verfassungsschutz.de
www.wingtsunwelt.com
www.wikipedia.de

5.4 *Autoren*

„Wer mit Ungeheuern kämpft, mag zusehen, dass er nicht dabei zum Ungeheuer wird.“ (Friedrich Nietzsche)

RaBe-Training Deutschland
Realistische **A**nwendungen **be**i **E**skalationen

Marian Rohde (Jahrgang 1977)

- Fachgesundheits- und Krankenpfleger für Psychiatrie
- Deeskalations-, Kommunikations-, Selbstverteidigungs- und Schutztechnikentrainer
- Erfahrungen in den Bereichen stationäre und teilstationäre Psychiatrie, Forensik und Erwachsenenbildung

Tim Bärsch (Jahrgang 1972)

- Diplom-Sozialarbeiter / Diplom-Sozialpädagoge
- Anti-Aggressivitäts-, Coolness-, WingTsun- und Deeskalationstrainer; Systemischer / NLP-Coach
- Erfahrungen in den Bereichen Gewaltprävention (alle Altersklassen), Sicherheitsdienst, Jugendamt und Erwachsenenbildung

Für Fragen, Anregungen, Kritik, Konzepterstellungen, Mitarbeiterschulungen und Fortbildungsangebote stehen wir Ihnen gerne zur Verfügung.

RaBe-Training

Kontaktaufnahme:
RaBe-Training Deutschland
Internet: http://www.rabe-training.de
Epost: kontakt@rabe-training.de